I0052147

PUISSANCE MARITALE

EN PARTICULIER

DES POUVOIRS DU MARI

SUR LA PERSONNE & LES BIENS DE LA FEMME

EN DROIT ROMAIN

DE L'INCAPACITÉ DE LA FEMME MARIÉE

SOUS LE RÉGIME DE SÉPARATION DE BIENS

EN DROIT FRANÇAIS

THÈSE POUR LE DOCTORAT

Par F. BALMARY

TOULOUSE

IMPRIMERIE ÉDOUARD PRIVAT, RUE TRIPIÈRE, 9

—

1874

PUISSANCE MARITALE

EN PARTICULIER

DES POUVOIRS DU MARI

SUR LA PERSONNE & LES BIENS DE LA FEMME

EN DROIT ROMAIN

DE L'INCAPACITÉ DE LA FEMME MARIÉE

SOUS LE RÉGIME DE SÉPARATION DE BIENS

EN DROIT FRANÇAIS

THÈSE POUR LE DOCTORAT

Par F. BALMARY

TOULOUSE

IMPRIMERIE ÉDOUARD PRIVAT, RUE TRIPIÈRE, 9

1874

(C)

A MON PÈRE, A MA MÈRE

—

A MES AMIS

PUISSANCE MARITALE

INTRODUCTION.

On l'a dit souvent; une législation ne peut être bien comprise si l'on ne connaît déjà le Droit antérieur. Dans ce dernier, en effet, se trouve la source d'un grand nombre d'institutions conformes aux anciennes mœurs, aux anciens usages, et autrement inexplicables; tandis que, d'un autre côté, l'esprit des décisions nouvelles ressort plus nettement de la comparaison avec les lois réformées.

Le développement progressif de la législation d'un peuple, offre, d'ailleurs, un magnifique spectacle. Non seulement l'histoire du Droit révèle les tendances, les mœurs des sociétés qui se succèdent, mais, tout à côté, l'homme lui-même, l'individu apparaît avec certains instincts permanents : égoïsme, charité se présentant sous mille formes diverses. Sans cesse, la force, reine à l'origine, se montre en lutte avec le Droit, dont la notion d'abord confuse, grandit sans interruption.

Dès lors, étudier la puissance maritale, aux diverses époques, sera un travail utile et intéressant, à la fois.

Après l'exposé historique des législations qui ont précédé la nôtre, il sera bon de se recueillir un instant. C'est une des gloires, et peut-être, en même temps, un des grands malheurs de la société contemporaine, de ne vouloir plus s'incliner que devant la seule raison. Amis ou ennemis n'ont pu échapper à l'influence des philosophes du dix-huitième siècle, absolument hostiles à toute tradition. Nos lois elles-mêmes se sont ressenties de cet esprit réformateur, révolutionnaire, disent quelques-uns, par lequel tout a été envahi. Si l'on veut bien comprendre la formation de notre Code, il faudra rechercher avec soin, et, aussi avec précaution, quelles solutions la raison seule devait inspirer à nos législateurs.

Cela fait, tous les éléments du Droit actuel seront connus. Je n'aurai plus qu'à préciser les solutions du Code.

Je ne me le dissimule pas, une pareille méthode est hérissée de difficultés; mais, du moins, dans mon embarras, je suis heureux de m'être proposé l'étude de la puissance maritale. Nulle part, peut-être, ne se rencontre la matière d'un plus grand nombre d'observations intéressantes. Mon éminent maître, M. Gide, l'a bien prouvé dans son magnifique ouvrage, sur la condition de la femme, dans l'antiquité et les temps modernes.

Dès l'origine, selon le témoignage d'Hérodote, Xénophon, Cléarque, etc... se rencontre dans tout l'Orient (sauf parmi les Hébreux, selon la Genèse) une affreuse promiscuité : les hommes n'ont pas encore l'idée de la famille. Dans l'être humain, la brute seule apparaît ; et cependant bientôt un grand changement va se produire. L'effroi que cause la mort, un vague instinct d'une autre vie, la notion confuse d'une puissance supérieure qui mène les choses humaines, l'affection que la nature, jusque chez les animaux, met au cœur des pères, contribueront simultanément à fonder la famille orientale. Déjà quelques instincts délicats se sont montrés dans l'espèce humaine.

Néanmoins, dès que l'homme a choisi une femme (puisqu'il est le plus fort), il prend sur elle 1 droit de vie et de mort. Pour avoir des enfants qui continuent son culte, l'Hindou achètera bientôt une fille à son père. L'épouse deviendra la propriété du mari : peut-être ce mari la vendra. L'instinct de domination égoïste, le désir de nous approprier tout ce qui nous entoure a existé de tous les temps.

Quand les émigrations grecque, romaine, descendues du plateau central de l'Asie, viennent peupler l'Europe, elles apportent avec elles la famille religieuse de l'Orient.

Mais celle-ci ne vit pas longtemps chez les Grecs. Elle est absorbée par la phratrie d'abord, par l'État tout-puissant ensuite. La religion des mânes succombe devant un développement intellectuel trop rapide peut-être. Tandis que l'homme s'adonne à la discussion des affaires publiques ou à ses plaisirs, il relègue sa compagne dans le gynécée. Il ne la maltraite pas, il la néglige. La femme a cependant des droits garantis par l'État. A l'inverse de la plupart des législations anciennes, la loi grecque ne reconnaît pas au mari le droit de vie et de mort. La fille pauvre est dotée aux frais de la république.

Malheureusement, l'esprit grec arrivé le premier peut-être à la notion du droit supérieur à la force, n'a pas encore remplacé les anciennes croyances religieuses par de fortes convictions philosophiques. Les dieux de l'Olympe, malgré les magnifiques temples qu'on leur élève, sont bientôt bafoués. Une civilisation trop rapide n'a enseigné aux masses que le raffinement du plaisir. Tandis que la courtisane, l'esprit orné autant que le corps, joue un rôle important dans la société, l'honnête femme reste solitaire et dédaignée; la loi la protège, et cependant, elle est peut-être plus à plaindre que chez aucun autre peuple de l'antiquité. Le développement moral n'a pas marché de front avec le perfectionnement de l'esprit. Les mœurs sont au-dessous des lois.

Toute autre se présente la race-sœur, la race romaine. La classe patricienne, qui jouit longtemps d'une domination presque exclusive, n'a qu'une volonté, qu'un désir : conserver les institutions, les lois, les coutumes, la religion des ancêtres. Dans la plèbe, il est vrai, la *manus* a perdu quelque chose de son caractère religieux. Là, la femme ne sera jamais absolument la « *socia rei divinæ atque humanæ* », rendue digne par la confarréation de participer au culte de la famille. Là aussi la *manus* disparaîtra d'abord.

Bientôt les deux classes se confondent, la civilisation grecque arrive. Elle apporte, avec l'idée-mère du régime dotal, la notion des droits de la femme, et celle-ci, mêlée de tout temps à la vie du Romain, sans avoir jamais connu le gynécée, acquiert rapidement une grande influence, tandis que la puissance de son mari devient aux yeux de l'antique matrone elle-même, une tyrannie.

En vain, protestent les Caton, les représentants des vieilles idées patriciennes. Jusque dans leur caste, le luxe, l'amour effréné du plaisir et des femmes ont sévi déjà. La religion des mânes elle-même, fondement de la famille romaine, a fait son temps.

Une cause accidentelle vient encore en aide aux revendications de l'épouse. Les agnats, tuteurs à leur profit, sont intéressés à l'abolition de la *manus* et favorisent cette réforme. Un tel changement, semble-t-il, va profiter aux seuls parents mâles, administrateurs dans leur propre intérêt, des biens de la femme non soumise à la *manus*; mais, devant le bon sens public et l'influence croissante du sexe faible, la tutelle des agnats elle-même devient nominale, illusoire. La femme esclave, il y a peu de temps, devient tout à coup indépendante, et le plaisir ne reste pas le lot de l'homme seul et de la courtisane.

En vain des lois viennent restreindre la capacité de l'épouse, quant à la disposition de ses biens. Le mal est trop profond. Le remède ne se trouvera que dans le renouvellement complet d'une société décrépite.

Cependant, avec son luxe et ses vices, la Grèce a introduit à Rome sa philosophie. Celle-ci, transformée selon le génie romain, est devenue le stoïcisme, secte orgueilleuse, trop contraire à la nature pour attirer les masses ; mais, d'un autre côté, digne parfois d'admiration. Cette école exerce sur les idées des classes élevées, et, plus d'une fois, sur les lois, une action considérable. Par elle se vulgarise l'idée d'un Dieu unique et de devoirs imposés à l'homme. Par elle, est préparé l'avénement du christianisme.

Celui-ci arrive au milieu de la décomposition sociale, avec mission de tout réparer ; mais ce n'est pas l'œuvre d'un jour. Les lois ne peuvent rien au mal. Il faut donner au monde romain des croyances ; il faut changer les mœurs. Là tendent les efforts de la religion nouvelle. Celle-ci trouve la femme absolument maîtresse d'elle-même : elle lui laisse ses droits. Le Christ admet l'égalité morale des deux sexes ; mais comme le christianisme est, avant tout, l'ami de la famille, saint Paul a prononcé ces sublimes paroles, résumé de la doctrine chrétienne, quant aux rapports de l'époux et de l'épouse : « Maris, aimez vos femmes ; femmes, obéissez à vos maris. » Les empereurs chrétiens changeront peu de chose à la situation du mari, vis-à-vis de sa compagne, et cependant de vagues symptômes de rénovation se manifestent.

A ce moment, surviennent les barbares. Chez eux, la femme est respectée, mais asservie. Peut-il en être autrement chez un peuple au sein duquel la force règne exclusivement? Ce peuple n'appartient-il pas d'ailleurs à cette race Indo-Européenne où la famille est si compacte, mais où, en même temps, le mari a pleine autorité sur son épouse? Dans tous les pays où s'établissent les hordes envahissantes, le pouvoir du mari « *mundium* » est maintenu. Favorisé par la maxime déjà citée de saint Paul, interprétée avec la rudesse de l'époque et universellement acceptée, il exerce son influence jusque dans les pays du Midi, où cependant la loi romaine doit vivre encore longtemps. Là aussi, le mari obtient une autorité considérable sur la personne de sa femme.

Le progrès, dans cette période, semble s'être arrêté. A Rome, dans les derniers temps, tous les droits du sexe faible étaient reconnus. Tout à coup, son asservissement recommence. On croirait voir dans l'histoire une solution de continuité. C'est que d'abord, si la race gallo-romaine recule, la race germaine, fusionnée avec elle, entre à cette époque seulement, dans la voie du progrès. Et, de plus, n'y avait-il pas quelque chose de factice dans la civilisation précédente? N'aperçoit-on pas ici le même fait qu'en Grèce, les mœurs en arrière sur les lois, le niveau de la moralité bien inférieur à celui de l'intelligence? Rétablir l'harmonie, éclairer les uns, élever les âmes des autres était nécessaire. Ce fut là, ainsi que je l'ai déjà dit, la noble mission du christianisme, lentement, péniblement accomplie dans les siècles postérieurs.

Et, qui sait, si, venue un peu plus tôt, cette religion eût pu arrêter ce qu'on nomme la décadence romaine? Les peuples, au moment de leur grandeur, ne se laissent pas aisément transformer par une idée nouvelle; au moment de leur chute seulement, ils acceptent la réforme. Si l'Évangile eût remplacé directement la religion de la famille, le progrès eût été plus manifestement continu, j'en conviens; mais ce changement était-il possible? Les vieux Romains eussent-ils compris le Dieu nouveau, le dogme de la fraternité, de l'égalité humaine? Je ne le crois pas. Leur esprit devait s'élever d'abord; s'élevant seul, il lui eût été difficile d'échapper aux passions corruptrices. La femme, par exemple, et ceci, heureusement, me ramène à mon sujet, dont je me suis trop écarté, la femme, dis-je, devenue libre tout à coup, ne pouvait manquer de faire abus de sa liberté même. Après sa chute seulement, connaissant sa faute aussi bien que ses droits, elle pouvait espérer de se réhabiliter, de reconquérir lentement cette situation presque égale vis-à-vis de l'homme, que Rome lui avait accordée dans les derniers temps. Les seuls progrès durables sont l'œuvre des siècles, lorsque l'esprit et l'âme grandissent à la fois. Rarement, dans les sociétés comme chez les individus, un grand progrès moral s'opère, sans que le chemin de la faute et du repentir ait été parcouru, sans que l'homme soit passé par l'heure terrible de l'expiation.

Tel fut aussi, pendant plus de dix siècles, le sort de la femme.

A l'époque franque, à l'époque féodale, le *mun-*

dium subsiste ; mais il se transforme. La femme asservie jadis, n'est plus tenue que d'un devoir général de soumission pesant encore, mais qui s'adoucit peu à peu.

Ainsi, on arrive à la période coutumière de notre droit, et Dumoulin, peut-être un peu en avant sur son siècle, peut dire que les pouvoirs du mari sur les biens de sa femme découlent uniquement de sa qualité d'administrateur de la communauté. Le même auteur peut revendiquer, pour l'épouse séparée de biens, une liberté presque entière. Le droit romain restauré a vulgarisé l'idée de la paraphernalité, au point de rendre possible l'admission du régime de séparation.

Sans se faire illusion sur la situation subordonnée de la femme suffisamment indiquée, par exemple, dans le bel ouvrage de Pothier sur la Puissance maritale, on peut dire que les pouvoirs du mari ne sont plus empreints du caractère de rudesse, je dirai même de brutalité, des temps antérieurs.

Après Pothier, le Code. Au dix-huitième siècle, je l'ai dit, la raison a énergiquement revendiqué ses droits. Plus de tradition. Nulle religion ne s'impose plus. L'esprit humain est, ou n'est pas, mais *se dit majeur*. L'élément rationnel a une grande part dans la loi nouvelle.

Le législateur, après avoir reconnu l'égalité morale des deux sexes, se demande si l'homme et la femme doivent jouir de tous les mêmes droits ; si de grands intérêts, en particulier, celui de la conservation de l'autorité dans les familles, le droit du mari et des enfants à la fidélité de l'épouse, l'avenir de ces enfants eux-mêmes, ne commandent pas de sacrifier une part des libertés naturelles de la femme.

Résout-il la question d'une façon bien nette? Non, assurément. Et cette négation est suffisamment démontrée par les nombreuses controverses élevées sur le principe de l'autorisation maritale.

Peut-être cependant, certains jurisconsultes ont-ils adressé, à cet égard, des reproches injustes au législateur? Tel d'entre eux a voulu voir dans le Code la consécration du principe romain de la « *fragilitas sexûs,* » tel autre, une reproduction adoucie du mundium germain. Tel autre enfin a pensé que la loi se préoccupait exclusivement de l'intérêt général des familles.

Mais pourquoi chacun de ces motifs n'aurait-il pas été pris en considération? Au lieu d'être exclusifs l'un de l'autre, ils me semblent se compléter. J'espère du moins le démontrer, quand j'étudierai le fondement de la puissance maritale à notre époque. Notre loi, œuvre de fusion, n'a pas énoncé, il est vrai, les principes généraux qui inspiraient ses décisions. Q'importe? Il faut toujours se souvenir que le Code n'est pas œuvre dogmatique, mais essentiellement pratique, au contraire. Ses auteurs ont cherché à prévoir le plus grand nombre d'espèces possible, laissant aux jurisconsultes le soin de découvrir la pensée-mère, d'en déduire mathématiquement les conséquences. Acceptons ce système, bon ou mauvais, je me garderais de me prononcer, sans nous livrer à des critiques, à des récriminations oiseuses.

Je n'ai pas besoin de dire (on a pu s'en apercevoir déjà) que, dans tout le travail qui va suivre, aucune idée préconçue, pour ou contre l'émancipation de la femme, ne se manifestera. Je ne promets pas absolument de m'abstenir de toute appréciation personnelle. On ne peut, je crois, bien comprendre une législation sans être violemment tenté de la juger; mais du moins, si parfois je me laisse entraîner, une conviction profonde sera mon excuse.

Je n'oublierai pas, d'ailleurs, que le développement historique de mon sujet et l'exposition, la plus nette possible de la législation actuelle, sont mes deux tâches principales. Elles feront l'objet de tous mes soins.

Législation Hébraïque.

Dans les pages précédentes, j'ai constaté l'influence considérable du christianisme sur la transformation des antiques sociétés.

Cette religion cependant n'est pas née tout à coup dans le monde. Son avènement, au contraire, avait été, avait dû être préparé dès une époque très-ancienne. Si la race juive n'avait pas cru à l'existence d'un Dieu unique, si elle n'avait pas reçu dès longtemps le sublime commandement : « Tu aimeras le

Seigneur ton Dieu, de tout ton esprit, de toute ton âme et de toutes tes forces, » le Christ, trop supérieur à tous ceux qui l'entouraient, eut bien difficilement rencontré, au milieu de la foule hostile, ces premiers adeptes, ces premiers apôtres, qui devaient porter partout son Evangile.

Dire quelques mots de la loi sur laquelle le christianisme vint s'enter, où se trouvaient même renfermés déjà certains des préceptes nouveaux, relativement au mariage, ne sera donc pas inutile.

D'un autre côté, c'est une source de réflexions bien profondes que la comparaison de la loi juive avec celle des autres peuples primitifs. Placez, par exemple, la Genèse à côté du livre de Manou, vous trouverez souvent des institutions analogues, mais quel esprit différent dans les deux livres antiques !

Le législateur indien, très-supérieur cependant à son peuple, ne peut voir dans le mariage, en dehors de la communauté du culte de famille, que l'union naturelle, telle que des hommes encore grossiers pouvaient la concevoir. Moïse, au contraire, répète sans cesse : « Vous aimerez la femme de votre jeunesse. » Pour lui cette femme, c'est l'âme-sœur, la compagne de toute la vie, respectée, honorée, jouissant sur ses enfants, et même sur les enfants des concubines, d'une certaine autorité. Elle a, pour ainsi dire, une part de la dignité du chef de famille.

Et cependant, les institutions grossières des autres peuples, même relativement au mariage, se retrouvent chez les Hébreux : mariage par vente, du père au mari, peut-être avant Moïse, revente de la femme par le mari; répudiation facile à l'homme, moyennant l'envoi d'un libelle, « si la femme n'a pas trouvé grâce devant ses yeux, à cause de quelque laideur (*fœditas*); » enfin, polygamie permise, presque honorée; car l'Israélite est fier du nombre de ses enfants. Ne trouve-t-il pas ces mots dans les livres saints : « Croissez et multipliez-vous. »

Le lévirat lui-même, bien que revêtu chez les Juifs de caractères moins monstrueux, aux yeux de nos esprits civilisés, le lévirat, dis-je, est commun aux Hébreux et aux Indous. Le frère a le devoir d'épouser la veuve de son frère, afin de donner à celui-ci une postérité.

La femme joue d'ailleurs un rôle inférieur dans la société. Salomon l'accuse même de mauvais instincts, ne voyant pas que, souvent, si elle a recours à la fourberie et à la ruse, c'est afin d'échapper à l'oppression. Les lois, du reste, constatent l'infériorité dont je parle. La femme ne peut être témoin dans les actes, elle ne peut remplir les offices virils, elle n'est pas propriétaire. Le mari a sur elle, à l'origine du moins, le droit de vie et de mort.

Comment expliquer une contradiction aussi flagrante entre l'esprit de la Genèse et la législation elle-même?

C'est que les préceptes du livre sacré sont l'œuvre d'un homme bien supérieur à son temps : Moïse. Celui-ci a indiqué d'abord l'union parfaite, le mariage né de l'amour, subsistant par une mutuelle affection des époux, quand, ensuite, il a été appelé à donner

2

des commandements, des lois, à sa nation, il a tenu compte des instincts encore barbares du peuple auquel il s'adressait.

Proposer comme loi une morale trop supérieure, eut été condamner l'œuvre entière à l'avance. Le législateur juif a préféré indiquer vaguement d'abord, le bien absolu, donner ensuite les meilleures lois que sa nation pouvait recevoir.

De là, même, est résulté un phénomène remarquable. Le peuple Hébreux, dominé vaguement par les préceptes généraux, placés pour ainsi dire en tête de sa loi, se prend pour elle d'un immense respect. Ne comprenant pas toujours l'œuvre de Moïse, il suit ses commandements à la lettre, aveuglément. Plus tard, quand le Christ arrive, quelques privilégiés seulement entrevoient l'immense réforme qui se prépare. La masse, au contraire, jugeant sans examen, que nul ne donnera des institutions préférables à celles de l'auteur de la Genèse, retenue d'ailleurs par ses instincts grossiers, résiste absolument aux préceptes nouveaux. Tandis que les nations européennes se laissent guider par le christianisme, à peine si les Israélites, vivant au milieu de législations infiniment supérieures, empruntent à celles-ci quelques principes nouveaux.

Peu de lignes suffiront pour exposer ces modifications à l'ancienne loi.

Le *Talmud* a supprimé la vente réelle de la femme au mari, et restreint le droit de répudiation au cas d'adultère de l'épouse. Le lévirat n'existe plus en réa-

lité. La dot romaine, *la donatio propter nuptias*
bysantine sont admises.

Les juifs, il est vrai, ont dû se soumettre à la législation des peuples dont ils partagent l'existence. Dans
ces derniers temps, les progrès de l'esprit humain ont
porté une grave atteinte à la conservation de leurs
usages et de leurs mœurs, mais du moins leur loi
propre ne s'est pas modifiée d'une façon considérable.
Les commandements de Moïse semblent presque inaccessibles à l'action du temps.

Législation Hindoue.

La communauté de race entre les Hindous et les
peuplades diverses qui ont colonisé l'Europe donne un
certain intérêt à l'étude des institutions de l'Inde.
C'est d'ailleurs dans la législation de ce pays que nous
pouvons trouver, en dehors de la Genèse, les renseignements les plus anciens sur les rapports de l'homme
et de la femme dans la période anté-historique.

Si nous en croyons les plus vieux historiens (je pourrais citer à l'appui de cette opinion Hérodote, Xénophon, Clearque, etc.), une promiscuité complète régna
à l'origine parmi les peuples orientaux. Hommes et
femmes se réunissaient, suivant leurs caprices. Nulle
idée morale dans cet accouplement. Le plus intense et

le premier éclos, peut-être, des sentiments humains,
l'amour paternel lui-même, ne s'était pas encore révélé.
Il ne tarda pas.

La première institution, la première religion connue, c'est la famille. L'homme, sans doute, ne voulut
plus se séparer de l'enfant fruit de l'amour, de la
femme vers laquelle il se sentait attiré, même après le
plaisir.

Entouré de ces deux êtres faibles, le père devenait
leur protecteur-né, au milieu des luttes sauvages qui
signalaient la vie de chaque jour. La terre, d'ailleurs,
commençait à être cultivée, chaque homme dut se faire
un petit monde de sa hutte, de son champ, de sa compagne, de la chétive créature à laquelle il avait donné
le jour.

Cependant le père, en vertu de sa force musculaire,
ne peut se borner longtemps au rôle de protecteur, il
devient maître dans sa sphère, ϐϛϛϑϯϛϛ, comme dirent
plus tard les Grecs. Sa puissance, sans autre limite
que sa volonté, sera souvent bien dure, car il s'agit
ici d'hommes primitifs et barbares. La femme sera
souvent assujétie, réduite peut-être en esclavage. Si
elle garde une influence dans la famille, comme semblent le dire, dans l'Inde, les Védas, chez les Grecs
Homère, chez les Germains Tacite, cette influence ne
peut être grande. On ne doit pas l'oublier, les ouvra-
ges que je viens de citer sont les premiers des poëmes,
le dernier, une œuvre qui tient presque autant à la
poésie qu'à l'histoire.

Dès la formation de la famille, favorisée sans doute

par cette crainte de la mort qui a si profondément im-
pressionné tous nos premiers ancêtres, la religion des
mânes naquit. Le protecteur d'hier, le père, aujour-
d'hui mort, ne peut avoir oublié ceux qu'il affectionnait
jadis. S'ils implorent son aide, il doit les entendre.
Mais, peut-être a-t-il des besoins, besoins matériels
sans doute. (Comment, à cette époque, en soupçon-
nerait-on d'autres?) On offre au mort des repas funè-
bres. Ces repas se changent ensuite en sacrifices, et
le nouveau culte est fondé.

Dès lors, chacun pensant aux besoins possibles après
la mort, doit désirer avoir des enfants, afin de recevoir d'eux un repas funèbre. Chacun doit rechercher une femme pour devenir père. Le mariage n'est
plus seulement une satisfaction d'instinct, mais aussi
une nécessité.

Quel rôle, toutefois, va-t-on attribuer à la nouvelle
épouse? Le culte ne peut s'adresser à elle après sa
mort. Elle n'a pas été, sur la terre, assez forte pour
devenir une protectrice au delà du tombeau. Elle n'a
pas d'ailleurs d'autorité dans la famille, et, par suite,
elle n'est peut-être pas digne d'offrir un sacrifice. La
fille, dans l'avenir, pourra donner des enfants; mais
elle n'est pas membre actif de la famille, elle n'a nul
droit de propriété sur la hutte, le champ communs.
Tant que la famille n'est pas représentée par un mâle,
et, jusqu'à la naissance de ce mâle, les biens sont
vacants. Déjà la femme ne semble plus avoir qu'une
destinée dans le monde : perpétuer la race. Mais

aussi, pour atteindre ce but, le plus désiré de tous, elle est nécessaire.

Tout objet nécessaire est une richesse pour son maître. Le père, avant d'abandonner l'autorité sur sa fille, exigera un prix. La femme sera vendue.

Dès lors, devenue objet de propriété, la femme va perdre immédiatement le peu de dignité, le peu d'influence conservées encore dans la famille. Le rôle d'esclave est définitivement celui de l'épouse (esclave non pas seulement de son mari, mais des héritiers de ce mari!) La famille a sur elle un droit de copropriété. La malheureuse pourra être revendue à un autre homme, soit par son mari, soit, après la mort de celui-ci, par ses héritiers.

Tant que dure l'union, la fidélité est le premier devoir, car le culte d'un enfant étranger au père ne serait peut-être pas agréé des ancêtres; mais si le mariage a pris fin, qu'importe? Qu'importe, avant même la mort du mari, si celui-ci ne peut avoir d'enfants, qu'importe, dis-je, qu'un membre de la famille, un frère de l'impuissant, par exemple, use de la femme? L'enfant qui naîtra descendra toujours des ancêtres. Son culte sera agréé, d'autant plus que ces ancêtres voient avec plaisir toute leur lignée absolument unie, tous leurs descendants copropriétaires des biens patrimoniaux. *L'indivision est plus sainte que le partage.* Le lévirat, que dis-je, une institution cent fois plus monstrueuse à nos yeux, l'usage partagé de la femme par les frères, est légitimé.

De tous les droits qui précèdent, le droit de vie et

de mort du mari sur sa femme n'est qu'un corollaire. La famille est un tout indépendant des autres familles. Y a-t-il un autre juge, un autre roi que le père?

Si la femme ne remplit pas le but auquel elle est destinée, si elle est stérile, le mari pourra évidemment la répudier.

Et cependant, puisque le mariage sert à perpétuer la religion de la famille, cet acte doit être sanctionné par la religion. Peut-être, dans les classes inférieures (car l'Inde est le pays des castes), peut-être, dis-je, le mariage se composera seulement d'une vente, avec tradition. Mais les classes supérieures, plus jalouses de leur culte, doivent, par une cérémonie, introduire la femme dans la famille. De là, à l'époque de Manou, les huit formes du mariage, dont quatre sont saintes, quatre impies.

J'ai parlé de Manou. C'est surtout par les écrits de ce législateur que nous avons pu connaître les institutions, les usages que je viens de signaler, en essayant de les relier les uns aux autres. Il me reste à étudier les réformes introduites par ce grand homme.

A son époque, la famille n'est plus le seul pouvoir constitué. L'Etat s'est élevé à côté, réunion de familles, placée sous la main toute-puissante d'un seul homme. La société naissante est intéressée au mariage. Quand la femme sera trop maltraitée, elle va trouver dans le législateur un soutien. « Ne frappez pas, même avec une fleur, une femme chargée de fautes, » dit Manou. Et plus loin : « Une femme revêt, par un mariage légitime; les mêmes qualités que son époux, son zèle à le servir est sa première, sa seule vertu. »

« La femme est la fausseté même, dit encore le réformateur, mais l'union conjugale la relèvera. » La même cause, l'asservissement de la femme, inspire à Salomon et à Manou le même éloignement, le même mépris pour son caractère. Ils cèdent peut-être au même préjugé populaire. Mais le législateur de l'Inde comprend, que, s'il ne protège pas cet être faible, s'il ne le relève pas, s'il ne le fait pas participer à la dignité de l'époux, la famille sera compromise. Aussi, réagissant énergiquement, il interdit la vente de la femme. Celle-ci n'est plus un objet de propriété ; elle ne reste pas à la merci des héritiers du mari. Bientôt elle va être propriétaire. Ses frères devront lui fournir, sinon une part de la succession, du moins une dot, afin de faciliter son mariage. De plus, le mari, qui veut obtenir sa main, devra payer, non pas à son père, mais à elle-même, un certain prix. Ce prix sera entre ses mains, après le mariage, comme une sorte de douaire, car il ne faut pas parler de propriété de la femme pendant le mariage. Le chef de la famille est évidemment maître de tout.

Et là est l'écueil. L'autorité maritale conservant toute son énergie sauvage, l'idée d'infériorité attachée au caractère de la femme persiste. Sa dégradation ne cesse pas, elle s'augmente peut-être. Qu'importe la protection de la loi ? La présence d'un défenseur est une raison de plus pour que le mari use de tous ses droits. Manou a voulu relever la femme. Il a été impuissant. L'épouse reste pour toujours esclave.

Législation grecque.

Sans doute, dans les temps anté-historiques, la vie patriarchale fut réalisée en Grèce. Ce pays eut pour institution première, pour base unique de la société, la famille religieuse. La communauté d'origine des Grecs avec la race hindoue, explique suffisamment ces faits, et au besoin, servirait à en démontrer la très-grande probabilité.

Plus tard, les familles se groupèrent en phratries, analogues à des tribus. Les phratries formèrent la cité. L'idée d'association se développa. L'ensemble de toutes les familles, de toutes les phratries, l'État devint tout-puissant. Le despotisme régna en Grèce, comme en Asie, avec cette immense différence que la volonté d'un homme souvent corrompu, arriva à être remplacée par la volonté de tous. Le peuple, souverain dans ses jugements comme dans ses lois, commit parfois de véritables crimes, mais plus rares, du moins, que ceux des despotes. Et de plus, chacun s'occupant de la chose publique, l'intelligence prit son essor. La tradition, les anciens rites, les lois et les dieux d'autrefois furent jugés, c'est-à-dire abattus. La raison, l'équité, furent seules maîtresses; elles présidèrent aux institutions, aux lois, aux jugements. L'esprit émancipé ne connaissait de règles que cet instinct délicat, qui, dans le domaine de l'art, fit de la Grèce la patrie du beau.

Dans le domaine de la morale et dans celui des lois cependant, l'instinct seul ne peut être sûr. La passion, l'intérêt, n'abandonnent jamais l'homme, souvent même sont servis par l'étendue, par la liberté de l'esprit. De la liberté, la licence est voisine.

A Athènes, la cité qui personnifie le mieux le génie grec, la femme fut soumise à un maître. On la cloîtra dans le gynécée. Nulle tyrannie trop lourde ne pesa cependant sur elle, au dire des historiens. Nulle brutalité ne la menaçait. L'Etat lui-même serait intervenu dans la famille, si la femme eut été traitée avec trop de rigueur. Son droit ne peut être douteux, puisque Démosthènes disait : « Au temps de vos ancêtres, les fils et les filles n'appartenaient pas seulement à leurs pères et à leurs mères, mais, avant tout, à la patrie. »

La tutelle à laquelle l'épouse était soumise, portait un caractère de protection. Au foyer, néanmoins, elle ne trouvait pas la juste influence, le respect dû à la compagne de l'homme, à la mère. Modestin n'aurait pu donner à Athènes sa belle définition du mariage : « *Maris at que feminæ conjunctio, omnis vitæ consortium, divini atque humani juris communicatio.* » Les mœurs étaient bientôt devenues licencieuses. La mère de famille donnait les enfants nécessaires à l'Etat. On trouvait l'amour, ou mieux le plaisir, ailleurs.

Ainsi, autorité du mari, protection de la loi, situation de la femme à un degré inférieur de l'échelle sociale, tels sont les caractères principaux que nous avons rencontrés, et que nous rencontrerons encore, en analysant succinctement le Droit athénien.

Dès sa naissance, la femme se trouve en tutelle. Cette tutelle dure jusqu'à la mort. Pendant le mariage elle est exercée par le mari. Il gouverne le ménage, mais je l'ai déjà dit, les mauvais traitements qu'il infligerait à sa femme seraient punis. Le mari est moins le maître de sa compagne que le dépositaire de l'autorité de l'Etat sur la femme.

L'adultère de l'homme, dans les cas les plus graves, ne reste pas non plus sans sanction. L'épouse, moyennant une requête écrite et justifiée, peut obtenir de l'archonte le droit de divorcer. Quant à l'adultère qu'elle commettrait elle-même, il l'exposerait, en dehors de la répudiation, aux peines les plus graves.

Ainsi le devoir de fidélité est réciproque. Néanmoins le mari, par une contradiction très-bizarre, peut entretenir une concubine, il peut même, par un acte de sa volonté, légitimer les enfants qu'il en a obtenus. La nécessité de cet acte de volonté est peut-être la seule différence entre la monogamie grecque et la polygamie asiatique. En Orient, en effet, une seule femme a le titre d'épouse.

La puissance de l'homme est encore exorbitante, en ce que sa compagne, par testament ou même après, répudiation, peut recevoir de lui un tuteur, un nouveau mari.

La femme athénienne reçoit nécessairement une dot. Les biens du père mort, une donation de ce père

vivant, ou du tuteur, en sont les éléments. Si la famille
était trop pauvre, l'Etat lui-même fournirait la dot.
Le mari l'administre, en est propriétaire, l'affecte aux
dépenses du ménage ; mais cette dot doit être res-
tituée dans son intégrité à l'épouse, ou mieux, à son
tuteur, au jour de la dissolution du mariage, par
répudiation ou mort du mari. La notion de la dot
romaine est trouvée. La femme, néanmoins, ne pourra
jamais, mariée ou non, contracter, intenter une action. Elle est absolument incapable de toute disposition de ses biens. Mais, on doit le remarquer, cet effet
ne découle pas, à proprement parler, de la puissance
maritale, puisqu'il est produit, même en dehors du
mariage.

Combien nous sommes loin de la terre d'Asie ! Ici le
fort essaie bien, comme partout, de dominer le faible,
mais la liberté, la discussion sans entraves ont permis
à la notion du droit, à l'idée du devoir de se révéler,
de grandir. L'homme n'abdique pas son autorité, mais,
dans l'exercice de sa puissance, il reste sous la surveillance du magistrat. Le mari garde pour lui une
liberté personnelle, une influence sur la chose publique,
dont sa compagne est absolument privée. Celle-ci est
jugée indigne de cette culture de l'esprit qu'on permet
à la courtisane. La femme n'est pas maltraitée ; elle
est dédaignée. Situation vraiment malheureuse, car le
besoin de dignité est le premier de tous.

Du moins, la Grèce avait reconnu, affirmé, vulgarisé
l'idée des principaux droits de la femme. Dès-lors,
ceux-ci eurent dans le monde civilisé une existence

moins précaire. Depuis l'époque où les idées grecques envahirent l'Europe, la femme est définitivement propriétaire. Sa personne même n'est plus à la merci de son mari.

Législation Romaine.

Section I.

Ici, deux périodes principales sont à considérer : celle où le mariage, accompagné de la *manus*, a été la règle ; celle où le mariage, sans *manus*, a été le seul usité. Dans le courant de ces deux périodes, des changements souvent fort graves ont été introduits. Nous les verrons successivement apparaître.

Il est bon de remarquer, dès le début, que, dans les premiers temps, le mariage sans *manus*, se présenta quelquefois. Certains auteurs, je le sais, ont contesté cette opinion. Mais, dans leur système, comment expliquer, à cette époque, l'acquisition de la *manus* par l'*usus*, mode qui suppose nécessairement le mariage contracté, sans que la *manus* ait été transférée ?

Je me garderai de dire néanmoins que, dans une telle union, le mari, dépourvu de la *manus*, fût sans pouvoir sur la personne de sa femme. Deux êtres, l'un fort, l'autre faible sont juxtaposés, à une époque étrangère à toute civilisation. L'un d'eux doit dominer l'autre. De plus, les plébéiens qui ignoraient seuls les cérémonies des *confarreatœ nuptiœ*, durent nécessairement subir l'influence de la classe supérieure, lui emprunter l'idée d'un pouvoir sans bornes, analogue à la *patria potestas* romaine. Peut-être, il est vrai, nulle loi ne les régit jusqu'aux XII Tables, mais le mari dut nécessairement usurper, en fait, la puissance dans la famille, et les mœurs ne purent manquer de consacrer son usurpation.

Peut-être même, dans le mariage plébéien, pour ainsi dire incomplet, la femme ne trouve-t-elle pas, comme tempérament à la puissance maritale, le respect très-grand dont jouit la matrone romaine dans l'union née des *confarreatæ nuptiæ*. Bien plus, peut-être ne faut-il pas affirmer sans hésitation, que ce mariage sans *manus* n'est pas une union contractée, un peu au hasard, dans un temps très-proche encore de l'état de promiscuité que nous croyons entrevoir à l'origine de la plupart des peuples. Ne voyons-nous pas le patricien s'écrier avec mépris : « *Connubia promiscua habent more ferarum.* »

Du reste, ce n'est pas le lieu de s'appesantir sur le mariage sans *manus*. Plus tard, cette forme de l'union conjugale se vulgarisera, et, parvenus à cette époque de l'histoire du Droit romain, nous pourrons trouver sur cette matière des renseignements beaucoup plus précis. Bornons-nous actuellement à l'étude du mariage avec *manus*.

Section II.

Mariage avec manus.

Le mariage avec *manus* transporte au mari (ou à celui sous la puissance duquel il se trouve lui-même) la puissance paternelle.

Recherchons comment ce transport s'opère, c'est-à-dire comment s'acquiert la *manus*? Comment vient-elle à s'éteindre? Quels en sont les effets, quant à la personne, et quant aux biens de la femme?

1° Comment s'acquiert la *manus*?

Trois modes peuvent être employés : 1° la *confarreation* ; 2° la *coemption* ; 3° l'*usus*.

1° *Confarreation*. — Pour bien comprendre ce mode d'acquisiton de la *manus*, il est bon de se souvenir du caractère religieux commun à la famille indienne, grecque, romaine. La famille est, dans la cité, comme une personnalité à part, dont le *pater familias* est le représentant, réunissant à la fois les fonctions de prêtre, administrateur et juge. La cité a bien ses dieux, protecteurs de tous les citoyens; mais chaque famille a conservé ses divinités particulières. Les mânes des ancêtres reçoivent toujours un culte de la part de leurs descendants. Le fils apprend de son père quelles paroles, quelles cérémonies apaisent, réjouissent les âmes des morts de la famille. Sans y

changer un mot, une syllabe, ce fils, devenu à son
tour chef de famille, répète ce qui lui a été enseigné.
Nul autre ne pourrait accomplir les cérémonies tradi-
tionnelles. Les dieux mânes repousseraient tout étranger qui oserait participer aux sacrifices.

Dès lors, c'est une grave affaire quand une fille va
abandonner la religion de ses ancêtres pour s'attacher
à celle de son mari. Cette dernière sera la seule dont
les pratiques ne lui seront pas désormais interdites,
lui seront commandées, au contraire. Un pareil changement, chez un peuple ami des solennités tradition-
nelles, ne peut s'accomplir sans d'imposantes cérémonies. De là la *confarreatio*, le mode par excellence
d'acquisition de la *manus*, employé presque exclusivement par les familles patriciennes. Je vais en emprunter la description à M. Fustel de Coulanges, un
des hommes qui ont écrit avec le plus de talent sur
la famille antique (bien que, parfois, au dire d'un
grand nombre, l'imagination ait pris dans son œuvre
une place trop grande). On y trouvera également
indiqués les rites du mariage patricien. Confarréation
et mariage forment, en effet, un tout : « *confarreatæ nuptiæ.* »

« 1° La jeune fille quitte le foyer paternel. Comme
elle n'est pas attachée à ce foyer par son propre droit,
mais seulement par l'intermédiaire du père de famille,
il n'y a que l'autorité du père qui puisse l'en déta-
cher. La tradition est donc une formalité indispen-
sable.

« 2° La jeune fille est conduite à la maison de l'époux.

Elle est voilée, elle porte une couronne, et un flambeau
nuptial précède le cortége. On chante autour d'elle un
ancien hymne religieux. Les paroles de cet hymne
changèrent sans doute avec le temps, s'accommodant
aux variations des croyances ou à celles du langage;
mais le refrain sacramentel subsista toujours sans pouvoir être altéré; c'était le mot « *Talassie,* » mot devenu incompréhensible à l'époque où vivaient ceux qui
ont écrit sur les antiquités romaines, et dont les renseignements réunis ont pu nous donner une idée de la
cérémonie dont il s'agit ici (Gaius, Plutarque, Varron,
Festus, Pline, Ovide.....). Ce mot « *Talassie* » était
probablement le reste sacré et inviolable d'une antique
formule. Le cortége s'arrête devant la maison du mari.
Là, on présente à la jeune fille le feu et l'eau. Le feu,
c'est l'emblème de la divinité domestique; l'eau, c'est
l'eau lustrale qui sert à la famille pour tous les actes
religieux. Pour que la jeune fille entre dans la maison, il faut simuler l'enlèvement. L'époux doit soulever
la fiancée dans ses bras et la porter par dessus le seuil,
sans que ses pieds le touchent.

« 3° (Et c'est ici que commence la *confarreatio*
proprement dite). L'épouse est conduite alors devant le
foyer, là où sont les pénates, où tous les dieux domestiques et les images des ancêtres sont groupés autour
du feu sacré. Les deux époux font un sacrifice, versent
la libation, prononcent quelques prières et mangent
ensemble un gâteau de fleur de farine « *panis far-
reus.* »

« Ce gâteau mangé au milieu de la récitation des

prières, en présence et sous les yeux des divinités domestiques, consacre l'union sainte de l'époux et de l'épouse. Dès lors, ils sont associés dans le même culte. La femme a les mêmes dieux, les mêmes rites, les mêmes prières, les mêmes fêtes que son mari..... (1) »

Ces cérémonies terminées, la femme fait partie de la famille, elle est soumise à la *manus*, elle est placée corps et biens sous la puissance de son mari.

Avec la vieille religion, l'usage de la *confarreatio* se perdit. Chacun sait que, sous Tibère, on eut beaucoup de peine à trouver deux flamines de Jupiter issus « *ex confarreatis nuptiis.* »

La *confarreatio* d'ailleurs ne peut avoir lieu qu'à la suite du mariage.

2° *Coemptio.* — Il n'en est pas de même de la *coemptio*, sorte de vente de la femme faite par le père au mari. Celle-ci peut avoir lieu en dehors du mariage, mais alors elle n'est pas une vente sérieuse, du moins à l'époque sur laquelle nous possédons des renseignements précis. L'opinion la plus probable est, ce me semble, de considérer la *coemptio* comme une forme inventée dans le but de faire acquérir la *manus* au mari plébéien. Celui-ci, n'ayant pas de culte, ne pourrait en effet user de la *confarreatio*. La puissance de l'époux sur l'épouse était dans les mœurs. Peut-être imagina-t-on alors de considérer la femme comme un objet de propriété, et de lui appliquer le mode d'acqui-

---

(1) Gaius Comm. I, § 112 nous dit encore que la *confarreatio* a lieu en présence de dix témoins.

sition ordinaire, la *mancipatio*. Cette tendance à
ajouter un lien plus fort au mariage formé par le seul
consentement, ressort suffisamment de l'existence d'un
mode d'acquisition de la *manus* par l'usage. Comment,
en effet, les premiers Romains eussent-ils imaginé de
faire acquérir à la fois au mari la propriété de tous les
biens de la femme, le droit de vie et de mort sur sa
personne, par le seul effet de la cohabitation pendant
un temps déterminé, s'ils n'avaient pas considéré la
puissance illimitée de l'époux comme la première base,
le fondement essentiel de la famille?

De plus, un texte mutilé de Gaius (Comm. I, § 123,)
peut s'entendre en ce sens que les formes de la *mancipatio*, d'où la *manus* doit résulter, diffèrent de
celles de la *mancipatio* ordinaire. Les premiers Romains veulent éviter la dissolution trop facile de la
manus, mais d'un autre côté, ils sentent que l'espèce
de propriété acquise par le mari ne peut être un droit
absolu. Pour réaliser leur double but, transférer le
droit et le limiter, ils se servent de la seule forme
d'acquisition connue d'eux, la *mancipatio*, en ayant
soin de modifier la formule, de manière à diminuer
les effets produits.

Si la *mancipatio* eût été à l'origine une vente réelle
avec tous ses effets, la formule primitive eût été celle
qui transfère d'ordinaire le *mancipium*. Plus tard les
Romains, tout en comprenant combien une pareille
vente était contraire à la nature, n'eussent osé adoucir
la formule. Nous connaissons en effet leur respect sans
bornes pour toute solennité venant des ancêtres. Nous

les avons vus prononcer dans la *confarreatio*, au temps d'Auguste, ce mot : « *Thalassie* » qu'ils ne comprennent plus. A Rome, on change plutôt le fond des choses que la forme.

De plus encore, c'est une loi générale dans toute l'antiquité que là où le mari achète sa femme, la polygamie est admise. Or, jamais, absolument jamais, on n'a découvert à Rome la moindre trace de polygamie. Ce peuple ne devait pas acheter les femmes.

Enfin, nul auteur ne parle d'une époque où la *coemptio* aurait été une vente réelle. A peine si Plutarque donnerait lieu à une supposition de cette espèce quand il parle de la revente de la femme par le mari, interdite, selon lui, par Romulus. Mais peut-on ajouter une grande foi, une foi quelconque à ce texte? En outre, le système opposé se concilierait difficilement avec ce fait, que la femme *sui juris* peut elle-même se manciper au mari.

Quant à Gaius, parlant de la *coemptio*, il a toujours soin de la nommer *imaginaria venditio*.

Le même auteur nous indique comment s'opère la *coemptio*. Elle a lieu, comme la *mancipatio*, avec le concours de cinq témoins citoyens romains, pubères, et d'un porte-balance, *libripens*, non compris, bien entendu, la femme et le mari. Quant aux paroles prononcées, Gaius ne les mentionne pas. Il constate seulement, ainsi que je l'ai déjà remarqué, une certaine différence avec les termes employés pour la *mancipatio*.

La *coemptio* ne disparut qu'avec la *manus*, sous la
Rome impériale; mais, dès longtemps, le régime dotal
assurant, après la dissolution, l'avenir de la femme
engagée dans le mariage libre, rendait beaucoup plus
rare la *manus* et la *coemptio* qui servait à l'établir.

3° *Usus.* — L'*usus* est un troisième mode de trans-
lation de la *manus* au mari. Il résulta, à mon sens,
des mêmes causes qui avaient provoqué l'établissement de la *coemptio* : désir de faire entrer la femme
dans la famille, de la faire passer sous la puissance
de son seigneur et de son protecteur naturel, le mari,
quand la *confarreatio,* cérémonie essentiellement patricienne, était impossible. Nous savons en effet que
le caractère essentiel de la plèbe antique, c'est d'être
étrangère à l'organisation religieuse de la cité et
même de la famille.

La femme elle-même devait éprouver le désir de
passer sous l'autorité de son mari. Dans les premiers
temps, en effet, ce moyen seul lui était ouvert pour
échapper, non pas seulement à la puissance paternelle,
où elle rencontrait des garanties d'affection, mais surtout à la tutelle des agnats, nullement protectrice, organisée au contraire en faveur des parents héritiers
présomptifs.

Le mari acquérait la *manus* sur sa femme *usu,* lorsque depuis le mariage elle avait passé une année entière sans interruption sous le toit conjugal. Alors, de
même que la *coemptio,* c'est-à-dire une vente fictive,
l'usucapion d'une année avait pu transporter à l'époux

les droits du père. Et, remarquez la faveur attribuée à l'acquisition de la *manus :* le plus court délai de l'usucapion suffit.

Cependant, contre la volonté de la femme ou de son père, une pareille prescription ne peut avoir lieu. La loi des XII Tables a prévu le cas. De même que l'usucapion des objets ordinaires peut être interrompue, de même si la femme a pris soin de s'absenter trois nuits de suite *trinoctio,* la *manus* n'aura pas été établie. Bien plus, si le mari avait voulu s'opposer à cette absence de sa compagne, la prescription invoquée par lui serait considérée comme vicieuse. Même résultat si la femme, malgré l'ordre de son père, avait négligé de s'absenter.

Que serait-il arrivé toutefois dans le cas d'une opposition pareille de la part des tuteurs? L'acquisition de la *manus* par le mari va leur enlever les biens administrés par eux et dont ils doivent hériter. D'un côté, on remarque que ces tuteurs n'ont, à l'inverse du *pater familias,* aucun pouvoir sur la personne de la femme, aucun moyen de la forcer à interrompre l'usucapion. D'un autre côté, la tutelle deviendra bientôt illusoire si la femme peut, par sa propre volonté, faire acquérir la *manus* à son mari et lui transmettre ainsi tous ses biens. Nous possédons un texte de Cicéron très-favorable à cette dernière opinion : *Usu non potuit; nihil enim de legitimâ tutelâ, sine omnium tutorum auctoritate, deminui. (Cicér. pro Flacco.)*

Du reste, à l'époque de Gaïus, l'acquisition de la *manus* par l'usucapion avait totalement disparu. « *Hoc*

*totum jus partim legibus sublatum est, partim ipsâ
desuetudine oblileratum est. »*

La *manus,* une fois acquise, la seule condition de
sa conservation est l'existence du mariage.

2° *Comment s'éteint la* manus. — En cas de dissolution du mariage par la mort, la *manus* s'éteint
évidemment ; mais, dans le cas de mort du mari, la
tutelle des agnats s'ouvre. Ces agnats sont les fils eux-
mêmes de la femme « *in manu* ». Celle-ci est en effet
entrée dans la famille ; elle y était « *loco filiæ* » du
vivant de son mari. C'est à titre de frères que ses fils
sont maintenant ses tuteurs.

Si le mariage a pris fin par le divorce, une distinction doit être faite ; si la *manus* a été acquise par la
cérémonie religieuse de la *confarreatio,* une cérémonie analogue, la *diffarcatio* est nécessaire pour détruire
le droit du mari. La femme ne peut abandonner aisément les dieux au culte desquels elle a participé. Bien
plus, certains auteurs ne se sont pas arrêtés là, ils ont
affirmé, dans la première période romaine, l'indissolubilité absolue des « *confarreatæ nuptiæ* ». Néanmoins, cette opinion ne peut être admise d'une façon
certaine.

Dans le cas où la *manus* a été acquise par *coemptio* ou par *usus,* un mode civil analogue peut délier
l'épouse. Celle-ci aura même le droit de forcer son
époux à la manciper à un tiers, afin d'être affranchie
par ce dernier. Un texte mutilé de Gaïus paraît confirmer cette opinion : « ..... *Sed filia quidem nullo*

*modo patrem potest cogere, etiam si adoptiva sit ;
hæc autem repudio misso (virum) proinde compel-
lere potest, atque si ei nunquam nupta fuisset. »*
(Comm. 1, § 137.) Elle concorde parfaitement d'ailleurs avec cette conjecture assez probable qui présente
la faculté de divorcer comme un résultat de l'analogie
du mariage et des divers contrats. Partout où le consentement a lié deux parties, le dissentiment exprimé
dans des formes pareilles peut les délier.

Sur cette faculté de divorcer elle-même, nous pouvons remarquer l'atteinte très-grave portée par elle à
la puissance maritale, dans toutes les unions avec ou
sans *conventio in manum.* Du reste, dans les temps
primitifs du moins, il ne faut pas accorder une très-
grande importance à la faculté de divorcer. J'ai signalé
plus haut cette opinion, suivant laquelle le mariage
patricien aurait été originairement indissoluble. La loi
des Douze Tables, il est vrai, consacre le divorce ; mais
elle est l'œuvre des plébéiens. Aussi les historiens
nous rapportent que pendant une très-longue période
nul divorce ne se produisit. Les patriciens indifférents
à la loi nouvelle, esclaves des vieilles coutumes religieuses, n'usaient pas de la faculté accordée par les
Douze Tables. Je n'oserais affirmer qu'il en fût absolument de même dans la caste inférieure ; mais l'exemple de l'aristocratie put bien influer sur le peuple et
rendre très-rare, jusque dans cette région sociale,
l'exercice du droit de divorcer.

Plus tard cependant, ce fut là l'écueil le plus sérieux
de la puissance maritale, un moyen facile et souvent

employé d'échapper aux droits conférés au mari par la *conventio in manum*.

3° *Quels sont les effets de la* manus. — Je vais maintenant chercher quels sont ces droits, quels sont les effets de la *manus*. Son analogie incontestable, sa ressemblance presque parfaite avec la puissance paternelle, au dire de Gaius, éclairera la matière. Il se présentera néanmoins une grave difficulté effleurée déjà au début de cette étude. La *manus* confère-t-elle au mari des droits sur la personne et les biens de la femme, ou seulement sur ses biens? Le mari dépourvu de la *manus* jouirait-il de quelque autorité? Et si la réponse à cette dernière question est affirmative, quelles sont les limites de cette autorité?

Mais constatons d'abord quelle est la situation d'une femme mariée avec *conventio in manum*. Nous examinerons ensuite quels des effets produits, relativement à la personne de l'épouse, découlent du mariage, quels, de la *manus*.

En premier lieu, une distinction doit être posée. Avant le mariage, la jeune fille était-elle soumise à la puissance paternelle, ou bien se trouvait-elle *sui juris*?

Au premier cas, le père perd immédiatement tous ses droits. La nouvelle épouse est devenue absolument étrangère à son ancienne famille, sauf cependant le lien naturel de la *cognatio*, auquel, dans une époque éloignée seulement, le préteur attachera la *bonorum possessio unde cognati*. A peine, au début de l'histoire romaine, trouvons-nous le droit pour les parents de

faire partie du tribunal domestique appelé à juger les
fautes, les délits de la femme. (J'étudierai plus tard
la composition et les pouvoirs de ce tribunal.)

En même temps, la femme « *in familiam viri
transivit* » (Gaius, Comm. 1, § 3). Elle est maintenant dans la famille de son mari « *loco filiæ* », dit le
même Gaius. Elle a pour père son époux, pour aïeul
son beau-père, pour frères et sœurs, ses fils et ses
filles. Si elle devient veuve, ses nouveaux agnats seront
ses tuteurs ; en un mot, elle change d'état ; sa personne juridique se confondait jadis avec celle de son
père, maintenant elle est absorbée par celle de son
mari. Et cependant sa situation n'est pas identique à
celle de l'individu *in mancipio*, elle ne tombe pas
« *in servilem conditionem* » (Gaius, Comm. 1, § 123).
La *manus* ne pourra être cédée.

Supposons, au contraire, la jeune fille « *sui juris* »
au moment de son mariage ; ses tuteurs administraient
ses biens. Ils ont dû consentir par suite à l'acquisition
de la *manus* par le mari, acquisition en vertu de
laquelle ce dernier devient propriétaire du patrimoine
de sa nouvelle épouse. Quant à la personne de la
femme, elle n'était soumise avant le mariage à aucune
autorité ; sa liberté se perd par l'effet du mariage
ou de la *manus ;* et, à ce titre, on peut dire qu'elle
subit une « *capitis deminutio* ». Dans tous les actes
juridiques, elle eut agi par elle-même auparavant,
elle n'agira plus que par son mari.

Analysons maintenant en détail les droits acquis
par ce mari. Quelles sont les limites de l'autorité pos-

sédée par lui sur la personne et les biens de sa femme?
Celle-ci devient-elle un objet de propriété? Non, assurément. A aucune époque, la Romaine ne fut la propriété du mari, alors même que la *manus* avait été
établie sur elle par la *coemptio* ou par l'*usus*. Un lien
religieux unit les deux époux; le mari ordonne, le
mari juge ceux qui lui sont soumis : il est le prêtre
tout-puissant dans son foyer. Confusion s'opère entre
ses biens et ceux de son épouse, et il administre le
tout; mais il est quelque chose au-dessus de son pouvoir : c'est la religion même qui l'en investit. L'homme
pourra souvent abuser de sa puissance, mais il ne
peut, il n'a jamais pu céder à prix d'argent le droit né
pour lui de l'entrée de la femme dans sa famille. Gaius,
dans un passage déjà cité, vient à l'appui de ma thèse,
disant qu'à la différence de l'individu *in mancipio*,
la femme ne tombe pas « *in servilem conditionem.* »
A plus forte raison ne devient-elle pas susceptible de
faire l'objet d'un droit de propriété, je dis *à plus forte
raison*, car est-il bien certain que la mancipation
donne naissance à un droit de propriété? Que deviendrait alors ce passage de Gaius, suivant lequel, au
bout de cinq ans, l'enfant mancipé acquiert sa liberté,
par l'inscription sur les tables du cens, et cela, malgré
la volonté de celui qui l'a acheté (Gaius, Comm. 1,
§ 140). Je le sais, la formule de la mancipation est
celle-ci : « *Hunc ego hominem, ex jure quiritium
meum esse aio.* » Mais au très-sérieux argument résultant de cette formule, ne peut-on répondre que l'esprit romain essentiellement ennemi de toute procédure

nouvelle, s'attache constamment à renfermer dans les anciennes formules les actes juridiques nouveaux dont la nécessité découle de besoins inconnus jadis?

Les personnes et les biens soumis à l'autorité d'un même individu sont compris sous une même dénomination : « *familia.* » Quand le père de famille voudra aliéner ses droits sur une personne renfermée dans la *familia,* il trouvera tout naturel d'employer la formule en usage relativement aux autres objets de la même *familia.*

Enfin, Gaius, parlant des personnes « *in manu* » ou « *in mancipio* », dit nettement : « Nous ne les possédons pas » (Gaius, Comm. II, § 90).

Ainsi, la femme *in manu* n'est pas pour le mari un objet de propriété, et, lorsque nous rencontrerons entre les mains de ce mari certains pouvoirs exorbitants, nous serons contraints de les rattacher à sa qualité de juge.

Je ne crois pas davantage à un droit de revendication de l'époux sur la personne de sa femme. C'est là un corollaire de l'absence de tout droit de propriété entre ses mains. Du moins, si l'action en revendication a pu, à l'origine, être exercée c'est avec des modifications dont le caractère démontre parfaitement que l'objet revendiqué n'est nullement soumis à un droit de propriété. Je suis conduit à faire cette restriction par la L. 1, § 2, *de rei vindicatione,* dans laquelle est affirmée, sur le témoignage de Pomponius, l'existence d'un droit ancien de revendication du père sur son fils. L'analogie entre la puissance

paternelle et le droit dérivant pour le mari du mariage avec *manus* porte évidemment à admettre la
même solution dans l'hypothèse qui nous occupe.
Néanmoins, en dehors des différences entre ces deux
puissances, différences telles que le père peut manciper son fils, tandis que ce droit est absolument
étranger au mari, il faut remarquer que la revendication, dont il s'agit ici, n'est pas une revendication
pure et simple, mais « *adjectâ causâ.* » Dans la formule on trouvera les mots : « *Si paret hunc hominem (hanc feminam)? Auli Agerii in potestate esse,
jure Quiritium.* » Aux yeux des Romains, le mari ou
le père, n'ont pas sur leur fils un droit de propriété,
mais seulement un droit de puissance (*potestas*) et la
revendication aura pour objet cette puissance même.
Toutefois, comme on n'a pas encore, à l'époque dont
il s'agit ici, inventé les actions préjudicielles, interdits exhibitoires, *cognitiones extraordinariœ*, dont
on usera plus tard dans le cas actuel (c'est-à-dire,
si un fils ou une femme est détenu injustement sous
la puissance d'un tiers), on a recours à la seule action
connue pour se faire rendre un droit quelconque, on
revendique la personne de la femme, du fils, confon-
due avec le droit dont ceux-ci sont l'objet, en ayant
soin toutefois de mettre en tête de la formule cette
causa adjecta, d'où résultera l'absence de toute prétention à la propriété même des objets revendiqués,
ne laissant subsister que l'affirmation d'un droit sur
la personne, né de la *patria potestas* ou du mariage
avec *manus*. En France, où, certes, personne n'aura

la pensée d'attribuer au mari ou au père un droit de
propriété sur sa femme ou son fils, ne pourrait-on pas
exercer une sorte de revendication de la puissance
paternelle ou maritale telles qu'elles sont organisées
chez nous? Et j'emploie à dessein ce mot « revendication » le seul susceptible de venir à l'esprit des premiers Romains, parce que leur système de procédure
encore informe, ne pouvait toujours donner des actions
différentes, pour réclamer sur une chose, ou même sur
un individu des droits différents.

Je n'admettrai pas davantage l'existence entre les
mains du mari du droit d'abandon noxal possédé
par le père sur son fils. Et d'abord, si ce droit avait
existé, ce serait seulement dans les premiers temps de
Rome. Plus tard, en effet, il n'est mentionné par aucun auteur. Or, à l'époque primitive, le mariage est
un lien essentiellement religieux. A peine si la faculté
de divorcer est reconnue par la loi des Douze Tables,
et certainement dans les temps antérieurs, très-peu de
divorces s'étaient produits ; la religion, en effet, la
première de toutes les lois à cette époque était contraire. A plus forte raison, l'abandon noxal de la
femme ne devait-il pas être toléré? Comment le mari
auquel la répudiation est interdite, serait-il autorisé à
abandonner sa compagne au premier venu, en raison
de quelque délit?

L'abandon du fils, dira-t-on, et surtout celui de la
fille, n'est pas d'une moralité bien supérieure ; j'en
conviens, mais il est moins directement contraire aux
principes fondamentaux de la famille romaine, mono-

gamie, indissolubilité, en fait, si ce n'est en droit, du lien conjugal.

Ainsi, le mari n'a sur son épouse *in manu* ni le droit de propriété, ni aucun droit analogue. Néanmoins dans la maison conjugale, cette épouse n'est pas plus maîtresse de sa personne que de ses biens. Respectée, vénérée même, appelée *domina* par les esclaves et les clients (après avoir prononcé sur le seuil du foyer conjugal cette parole magnifique : « *Ubi tu Gaius ego Gaia.* » Là où tu es maître, je suis maîtresse), la femme romaine se trouve en présence d'un homme orgueilleux de son courage, brutal souvent par l'habitude de la guerre. Cet homme ignore toutes les faiblesses, toutes les délicatesses de sa compagne, il les prend pour des infériorités de son sexe. Il a reçu de la religion le pouvoir suprême, sans contrôle, il est juge au foyer, sauf, dans les graves affaires, la présence des proches de la femme au tribunal de famille. Il est vrai, la matrone romaine sera préposée parfois à l'administration intérieure de la maison, en particulier, quand le mari est au camp, mais elle n'aura jamais qu'un pouvoir précaire. Le lien conjugal est puissant, parce la femme est destinée à donner à son mari des enfants, parce que la procréation de ces enfants est un devoir, presque une nécessité pour le chef de la famille. Mais on se tromperait grossièrement, je crois, si, on pensait que les Romains nommant leur épouse « *socia rei divinæ atque humanæ,* » aient attaché à ces mots le sens élevé que nous y découvrons. Leurs dieux ne ressemblent en rien au nôtre, et, quant à la copropriété de famille, nous savons et nous verrons mieux encore quels avantages le femme en peut retirer.

La femme *in manu* est absolument soumise aux volontés, aux caprices de son mari. Les actes de celui-ci, alors même qu'ils intéressent le plus sa compagne, restent à l'abri de toute critique. Au *pater familias* l'adultère est permis. Aulu-Gelle ne nous dit-il pas, rapportant les paroles de Caton, et voulant faire ressortir une inégalité à nos yeux inique entre les deux sexes : « *In adulterio uxorem tuam si deprehendisses, impunè necares; illa, te si adulterares, digito non auderet contingere.* »

Et ceci nous amène à parler de ce droit de vie et de mort que le mari possède sur sa femme *in manu*. Nous venons de le voir nettement affirmé dans le cas d'adultère. Mais, en dehors de ce cas, ce droit existe encore, et parfois, bien que rarement, les auteurs nous le montrent en exercice. Néanmoins, il est tempéré d'ordinaire par la présence de ce tribunal domestique dont j'ai déjà parlé. Il est composé non-seulement de l'époux et des proches de la femme, mais encore de certains amis ou alliés. « Après avoir pris l'avis de tous, selon Denys d'Halicarnasse, dans les cas ordinaires, le mari jugera seul devant les parents de la femme. Dans le cas d'un grand crime, cinq de ces parents seront appelés à juger avec le mari. Ulpien distingue de même entre les « *mores graviores* » et les « *mores leviores.* » Quant à la responsabilité du jugement, elle pèse sur ceux qui ont jugé, le plus sou-

vent donc sur le mari seul. La sanction sera le blâme
du censeur, ou même, dans certaines hypothèses, une
accusation criminelle devant le peuple, qui, à la fois
législateur et juge, supplée au silence des lois pour
venger la morale outragée (La même idée est exprimée par Senèque et Pline). » (M. Gide, *Condition de
la femme dans l'antiquité et le moyen-âge*.)

La femme *in manu* ne peut tester. Le mariage avec
conventio in manum l'a placée, en effet, dans la
famille de son mari « *loco filiæ*. » Or, nous savons
que le testament, considéré à Rome comme un acte
d'intérêt public, ne peut être fait que par un individu
sui juris. Décision incontestable, malgré l'opinion
contraire de Cujas, réfutée assez souvent pour que je
ne vienne pas encore m'escrimer contre ce grand jurisconsulte.

Enfin le droit du mari est si étendu qu'il se con-
tinue, pour ainsi dire jusqu'après la mort. Par testament, le mari peut donner à sa femme un tuteur, ou
lui léguer le choix de ce tuteur.

L'énumération des droits de l'époux sur son épouse
in manu est maintenant terminée. Essayons de résoudre la question posée plus haut. Essayons de
distinguer si ces droits dérivent du mariage ou de
la *manus*.

M. Gide soutient que la puissance du mari dérive
du mariage seul. Voici les arguments à l'appui de sa
thèse :

1° Plusieurs auteurs mentionnent le droit de vie et

de mort du mari, en particulier, Tacite (*Annales XII,* 32), et dans l'évènement qu'il rapporte, il ne s'agit certainement pas d'une femme *in manu,* la *manus* étant tombée en désuétude, à l'époque dont il s'agit.

2° Aux termes d'un passage de Gaius (Comm. II, § 90), nous ne possédons pas la femme *in manu;* c'est pourquoi on se demande si nous pouvons acquérir la possession par elle, tandis que nous acquérons certainement la propriété, et que, d'un autre côté, propriété et possession nous viennent par la personne de nos fils. De là, M. Gide conclut que les Romains ont un droit sur la personne de leurs fils, tandis que la *manus* n'en transfère aucun sur la personne de leurs femmes.

Mais dans ce système, comment se fait-il que le mari possède le « *jus vitæ necisque ?* » Ou le mariage, ou la *manus* a dû lui transférer ce droit. Or, dans l'un ou l'autre cas, c'est un droit sur la personne que le mariage ou la *manus* confèrent au mari. Le raisonnement de M. Gide tombe, car les mots de Gaius : « Nous ne possédons pas nos femmes *in manu,* » ne peuvent plus signifier que nous n'avons aucun droit sur leur personne. Le passage précédent de Gaius deviendra peut-être difficile à expliquer, mais ce n'est plus là notre affaire. Un fait certain, c'est que l'explication présentée par M. Gide doit être rejetée. D'ailleurs, Gaius parle également des personnes *in mancipio,* il les met sur la même ligne. Or, qui soutiendrait que nous n'avons nul droit sur leur personne. Ce droit peut ne pas être et, à mes yeux, il n'est pas un droit

de propriété, ni un droit de possession, c'est un ensemble de droits existant réellement, et parmi lesquels
il faut compter le *jus vitæ necisque*.

3° Le mari ne peut vendre, céder sa femme *in
manu*, donc il ne la possède pas. Nous en sommes
d'accord; mais comme on vient de le voir, cela ne
condamne en rien la thèse opposée à celle de notre
éminent maître.

Le *jus vitæ necisque*, à ses yeux, est le même que
la femme soit ou ne soit pas *in manu*, le mari sera
toujours partie du tribunal de famille; mais est-ce lui
qui jugera toujours? Non certainement dans le second
cas, suivant la distinction faite par Denys d'Halicarnasse et Ulpien, admise par M. Gide, en raison de la
gravité des affaires. Si dans la première hypothèse, le
mari possède ce droit (et M. Gide le lui accorde), c'est
que la *manus* le lui donne.

De plus, la femme *in manu* est entrée dans une
nouvelle famille dont le souverain est le *pater familias*. Quoi d'étonnant s'il sort de là un pouvoir au
profit du mari sur la personne de son épouse? Cette
introduction dans une nouvelle famille n'est-elle pas
le caractère fondamental du mariage primitif avec *manus*, ne comporte-t-elle pas nécessairement un droit
de juridiction en faveur du mari, droit né de l'acquisition de la *manus*?

Que si on se bornait à accorder à l'époux privé de
la *manus* certains droits restreints sur la personne de
la femme, si on me citait par exemple le droit du
mari de poursuivre l'injure faite à sa compagne, même

en l'absence de la *manus*, je concéderais aisément ce
point. De même, si on me parlait (sans le légitimer
évidemment au point de vue de la morale) du droit du
mari de tuer sa femme surprise par lui en adultère.
De même encore, si on prétend que la femme placée
ou non *in manu*, devra quotidiennement obéir aux
volontés de son mari et même à ses caprices. Le seul
lien du mariage peut aisément expliquer tout cela, et
pour preuve, la plupart des législations, en particulier
les législations antiques, ont admis ce principe. Mais
ce qui fait l'originalité du Droit romain, ce titre de
juge suprême dans sa famille, cette autorité sans bornes née de la religion, inconnue des autres peuples, du
moins avec de semblables caractères, voilà ce que je
refuserai absolument au mari dépourvu de la *manus*.
La nature (je ne dis pas la morale) explique tout le
reste. Quoi d'étonnant si le plus fort est dur au plus
faible? Au contraire, si cette dureté dépasse toutes
les limites, alors il faut, pour justifier pareille tyrannie, un principe supérieur, la religion, et, nous le
savons, la religion sanctionne seulement le mariage
accompagné de la *manus*.

Reste le passage où Tacite nous montre un mari
très-probablement dépourvu de la *manus* (car, en un
pareil sujet, on ne peut parler que de probabilités),
auquel fut reconnu le pouvoir de tuer sa femme impu-
nément. Mais c'est là un fait, pouvons-nous répondre,
et nullement un droit. Nous croyons même que ce
fait a pu se reproduire plus d'une fois. La société
romaine n'est pas si bien organisée, si policée que

l'arbitraire du mari n'ait pu souvent rester sans châtiment, surtout au cas où la culpabilité étant reconnue,
la procédure seule était vicieuse. Ce n'est pas sur une
aussi faible base que peut s'asseoir un système, en
contradiction avec ce principe général accepté par tous
les jurisconsultes, à savoir que la femme subit par
l'acquisition de la *manus* une *capitis deminutio* que
ce fait est nécessaire et suffisant pour la faire entrer
dans la famille de son mari « *loco filiæ.* »

Reste à nous occuper du pouvoir incontesté que la
manus transporte au mari sur les biens de la femme.

Ce pouvoir n'est autre qu'un véritable droit de
propriété. Le *pater-familias* n'est-il pas le maître de
tout ce qui appartient à un individu quelconque du
groupe dont il est le chef? Y a-t-il dans la famille une
autre personne juridique que la sienne, capable d'exercer des droits? Non, assurément. Que la femme *in
manu* apporte des biens donnés par le père en la puissance duquel elle était avant son mariage, que cette
même femme *sui juris* apporte des biens possédés par
elle-même, peu importe. Tout entrera dans le patrimoine de la famille de son mari, celui-ci exercera tous
les droits. Nul pécule *castrense* ou *quasicastrense* en
faveur de la femme *in manu*. Du reste, à l'époque où
le fils de famille peut ainsi acquérir, la *manus* est
absolument éteinte, ou dans ses derniers jours.

Les changements dans le sort de la femme, relativement aux biens, comme à la personne, s'effectueront
par une autre voie.

La *manus*, en effet, jusqu'aux derniers moments

de son existence, c'est-à-dire au plus tard à l'époque
de Gaius (car selon ce jurisconsulte, le mariage libre
est le seul pratiqué de son temps) reste telle qu'elle nous
apparaît chez les premiers Romains. A peine reçoit-elle
une légère atteinte par la stipulation, pour le cas de
divorce, de la reprise des biens apportés par la femme.

Elle était fondée sur la religion antique. Tant que
cette religion subsiste elle se maintient dans son intégrité. Dès qu'on ne croit plus aux dieux mânes, la
famille perd de sa cohésion.

La *manus* disparaît, sans avoir subi préalablement
de sérieuses modifications. D'autres causes d'ailleurs
expliqueraient la désuétude de cette ancienne institution, corruption des mœurs, d'où un désir violent
d'indépendance chez la femme, favorisé par une sorte
de révélation de ses droits, venue de la Grèce ; fusion
des patriciens et de plébéiens chez lesquels le mariage
sans *manus* semble avoir toujours existé ; réaction
considérable contre la tutelle des femmes, organisée
anciennement au profit des tuteurs, de telle sorte que
cette tutelle disparaissant ou devenant illusoire, la
femme recherche exclusivement le régime dotal,
récemment introduit à Rome, sous lequel elle sera
maîtresse d'une grande portion de ses biens. Mais je
craindrais de m'égarer, si je m'appesantissais trop
longtemps sur les causes du grand changement qui
s'opère dans la condition des femmes par l'extinction
de la *manus*. Je reviens à l'étude des pouvoirs du
mari sur sa femme dans le mariage dépourvu de *conventio in manum*.

SECTION III.

Mariage sans manus.

Comme précédemment nous nous occuperons successivement des droits du mari sur la personne et sur les biens de l'épouse.

La femme n'étant pas tombée *in manu*, son père a conservé sa puissance rivale de celle que le mariage seul peut conférer au mari. Incontestablement, néanmoins, celui-ci n'est pas dénué de toute autorité. Encore aujourd'hui, dans notre Europe, de plus en plus attentive à sauvegarder les droits individuels, la femme doit obéissance à son mari. On ne peut croire qu'il en ait été autrement à Rome. Je l'ai dit plusieurs fois déjà, lorsque deux individus de force et d'intelligence inégale se trouveront en contact, le plus fort imposera nécessairement sa volonté à l'autre. Et ce fait se reproduira d'autant plus que la moralité des deux êtres en présence sera moindre. Or, nous savons ce qu'il faut penser de l'époque où la *manus* disparaissait à Rome. Peut-être jamais, en aucun, pays les passions n'ont été plus vivaces. L'égoïsme, les colères, les brutalités même ne pouvaient manquer au cortège de vices qui marque cette époque, aussi bien et mieux, hélas! qu'un développement intellectuel dont le meilleur représentant serait peut-être ce César lui-même, aspirant par tous moyens à la tyrannie, ne reconnais-

sant de préjugés ou de devoirs que ce qui lui était
utile, avec cela actif, libertin, se raillant de la religion antique, un des premiers guerriers et des premiers écrivains que le monde ait produits.

Les textes n'établissent pas, il est vrai, d'une façon
très-nette la subordination de la femme à son mari
dans la vie conjugale, mais ils la font pressentir, ils
l'indiquent vaguement comme chose naturelle, domaine dans lequel les lois n'ont pas à pénétrer. La
loi 48 *de Ritu nuptiarum* montre même que la femme
doit certains services à son mari, mais elle ne les défi-
nit pas : « Le patron qui a donné son consentement au
mariage de son affranchie perd tous droits aux services
de cette affranchie, car ces services elle les doit à
son mari. » On pourrait même déduire de là la mesure
des devoirs imposés à la femme envers son époux ;
mais ce serait peut-être ajouter à la phrase citée d'Her-
mogénien des conséquences absentes de l'esprit de ce
jurisconsulte.

Sur la question de savoir si la femme est obligée
d'habiter avec son mari, jusqu'à l'époque de Justinien, les textes sont muets (du moins tous ceux que
j'ai parcourus). Qu'en faut-il conclure ? La cohabitation est évidemment de l'essence du mariage. D'un
autre côté, si le mari n'a aucun moyen de faire respecter son droit, ce droit devient illusoire. Le père
peut, en vertu de sa *patria potestas*, ordonner à sa
fille de quitter le toit conjugal. N'est-ce pas là, à
l'origine, un mode d'interruption de l'*usus ?* Que
dis-je ? Jusqu'à l'époque d'Antonin, le père peut exer-

cer un droit bien plus considérable : ordonner le
divorce à sa fille. Dans la suite, il est vrai, le mari
eut une action contre le père pour se faire remettre sa
femme. (L. 2, *de liberis exhi bendis...* Dig.). Mais
est-ce là un droit nouveau? Est-ce la reconnaissance
d'un droit ancien ?

Du reste, une ressource restait toujours au mari
pour faire respecter son autorité : le divorce. Nous
savons déjà combien il avait été rare au début de
l'histoire romaine. Nul n'ignore combien il fut fré-
quent sous la Rome impériale. Les femmes, dit un
auteur ancien, comptèrent le nombre de leurs maris
par celui des consuls. La loi *Julia de adulteriis* essaya
de remédier au mal. Des peines pécuniaires punirent le
divorce sans raison sérieuse. Un *judicium de moribus*
était organisé afin d'apprécier les motifs invoqués par
les époux. Vaines précautions. Le même Auguste était
l'auteur des lois caducaires. On se mariait pour échapper à celles-ci. Les époux trouvaient ensuite aisément
un prétexte pour se séparer. Les lois n'ont plus de poids
quand les mœurs les combattent. Plus tard, sous les
empereurs chrétiens, la législation ne fit plus du mariage une obligation, et par là le lien conjugal gagna
beaucoup en dignité. Le christianisme s'annonçait dès
l'abord comme l'ennemi du divorce. La loi, il est vrai,
le toléra quelque temps encore ; cette institution était
trop enracinée pour disparaître tout à coup ; mais les
constitutions impériales vinrent lui poser successivement les plus sérieuses entraves. Théodose et Valen-
tinien énumérèrent les causes légitimes de divorce. La

femme pourra se séparer du mari homicide, adultère, voleur. Le mari pourra répudier la femme homicide, adultère, celle qui court les cirques, les théâtres, les arènes. En dehors de ces circonstances, la femme perd sa dot et sa donation anté-nuptiale. Le mari perd également celle-ci. L'un et l'autre sont frappés d'une incapacité plus ou moins grande de se remarier.

Sous Justinien, le divorce sans motifs entraîne pour la femme la séquestration dans un monastère. Le mari est puni aussi. Toutefois, si, à toutes les époques, l'adultère est une cause légitime de divorce, déjà, au temps d'Auguste, le flagrant délit constaté par le mari ne lui donne plus le droit de tuer sa femme. Celle-ci ne pourra même plus être jugée par le tribunal domestique. La justice sociale remplace l'autocratie primitive du père ou du mari. Si ce dernier s'était vengé lui-même, il serait puni comme meurtrier. L'égalité des deux sexes semble déjà s'affirmer. La décision précédente fut inspirée peut-être par une indulgence trop grande à l'égard de l'une des plaies les plus profondes des sociétés ; mais, en tout cas, elle est équitable, car on ne peut raisonnablement abandonner à l'offensé le rôle de juge sans appel, avec un pouvoir sans limites, le pouvoir de tuer.

Il nous reste uniquement à constater une bizarrerie de la loi romaine. Celle-ci, après avoir déféré aux juges civils le crime d'adultère, tolère dans ce cas le meurtre de sa fille par le père. Nous allons passer maintenant à l'étude de la puissance maritale par rapport aux biens dans le mariage sans *manus*.

Pouvoirs du mari sur les biens de la femme dans le mariage sans manus.

Dans le mariage accompagné d'une *conventio in manum*, nous avons vu la propriété de tous les biens de l'épouse transférée à l'époux, sauf la stipulation de restitution au cas de divorce. Il pouvait arriver aussi qu'un tiers ayant fait une donation à la femme, donation dont le mari profitait, une stipulation de restitution à l'époque de la mort de la femme, ou un contrat *de fiducie* fussent intervenus en faveur du tiers. Mais l'obligation du mari, produit d'une convention libre, n'empêchait pas celui-ci d'être absolument propriétaire. Dans le mariage sans *manus*, au contraire, le droit des agnats mis à part, la femme est maîtresse de ses biens. Le mari n'a aucun droit sur eux.

Déjà, cependant, à une époque très-ancienne, il avait paru équitable que la femme réalisât un apport destiné à subvenir aux charges du ménage. De là, la dot. Pour l'obtenir considérable, les maris renoncèrent souvent à l'*imperium* conféré par la *manus*. Les femmes, de leur côté, étaient heureuses de se soustraire, moyennant un sacrifice pécuniaire, à la toute-puissance de leur mari. Bientôt, sous Auguste, afin de multiplier les mariages, la loi exigea du père une dot. Le régime dotal allait être définitivement établi. Sous ce régime, les biens extra-dotaux furent nommés paraphernaux. Ils restaient en toute propriété à la femme.

Le droit des tuteurs agnats, déjà près de s'éteindre, limitait seul, quant à ces biens, le droit de libre disposition de l'épouse. Le Velléien vint plus tard, il est vrai, restreindre la capacité de la femme, mais cette restriction ne fut nullement établie en faveur du mari.

Les biens dotaux étaient soumis à des règles particulières que nous allons étudier.

Qu'on n'attende pas cependant une théorie complète du régime dotal ; ce serait là un travail trop long et peut-être au-dessus de mes forces.

Déterminer la nature et les limites des droits du mari sur les biens dotaux sera mon unique but. Cette partie de la théorie du régime dotal n'est-elle pas la seule qui touche à la puissance maritale ?

Je constaterai d'abord le droit de propriété du mari sur la dot. Je me demanderai ensuite si ce droit est bien entier, s'il donne à l'époux, dans toute leur étendue, les *jura utendi, fruendi, abutendi* qui constituent la propriété même. La réponse sera évidemment négative sur bien des points. La femme ne conserve-t-elle pas sur la dot une sorte de droit de créance variable dans ses limites, suivant la nature des biens, et, en raison de cette circonstance que les biens faisant partie de la dot ont été ou n'ont pas été estimés ? Bien plus, ne voyons-nous pas ce droit de créance grandir peu à peu, au point d'être nommé par Justinien, droit de propriété, tandis qu'à côté subsiste ce qu'on appelle encore bien à tort le droit de propriété du mari, à peine différent d'un pur droit de jouissance ? L'époux n'est-il pas tenu de restituer la dot entière à son épouse ou aux héritiers de celle-ci? (Il faut excepter toutefois, dans ce dernier état du droit, le cas de divorce imputable à la femme; la restitution alors n'a pas lieu.)

Et d'abord, dès l'origine, la dot fut la propriété du mari. Comment eut-il pu en être autrement? Si la femme restait avec ses biens sous la puissance paternelle, dans le mariage sans *manus*, elle ne pouvait être propriétaire, et, dès lors, le mari n'eût rien reçu. Si la femme était *sui juris*, tout ce qu'elle possédait se trouvait entre les mains de ses tuteurs agnats, le mari n'en pouvait jouir. Le principe se maintint quand la dot devint plus fréquente, et, de même, quand elle fut imposée en vertu de la loi Papia Poppea. Dans tous les textes, le mari est d'ailleurs nommé « *dominus dotis.* »

Je ne m'occuperai pas des modes par lesquels la propriété de la dot parvient à l'époux : *datio, dictio dotis, promissio dotis;* ni, en ce moment du moins, de la personne qui constitue la dot, la femme elle-même, son père ou un tiers. La dot est toujours un ensemble de biens arrivant au mari, fournis par l'épouse elle-même ou par d'autres, en considération du mariage, biens destinés à subvenir aux charges du ménage. Peu importe la qualité du constituant; les rapports des conjoints, seule question qui nous intéresse, restent, pendant le mariage, absolument les mêmes.

Voyons si le mari possède dans toute leur étendue

les droits dont l'ensemble forme le droit de propriété : le *jus utendi*, le *jus fruendi*, le *jus abutendi*.

Quant aux deux premiers, le mari les possède en entier. Une maison est-elle comprise dans la dot, il peut l'habiter. S'agit-il d'un champ, il peut en recueillir les récoltes, du moins pendant un espace de temps égal à la durée du mariage. Les fruits lui sont acquis par la seule séparation du sol. (Au cas cependant où il s'agit des fruits de fonds non estimés, ou estimés avec cette clause que l'estimation ne vaut pas vente, le mari sera redevable à l'égard de celui entre les mains duquel s'opère la restitution, des impenses faites pour obtenir la récolte, c'est-à-dire des frais de culture. Réciproquement, il sera tenu compte à l'époux, au moment de la restitution, des sommes avancées par lui pour préparer une récolte qu'il n'est pas appelé à recueillir.)

Mais il faut avoir soin de ne pas comprendre dans le *jus fruendi*, la disposition de l'île qui a surgi près d'un fonds dotal, de manière à s'adjoindre à lui par accession ; de même l'hérédité acquise à un esclave dotal, ou le part de la femme esclave, et en général toutes les choses qui ne sont pas fruits proprement dits. Celui qui en dispose exerce, non le *jus fruendi*, mais le *jus abutendi*, dont je vais parler.

Ce dernier droit souffre plusieurs restrictions ; c'est que, si le mari est propriétaire de la dot, la femme a sur elle un droit de créance particulier. Au moment de la dissolution, elle pourra en exiger la restitution, sauf, ainsi que je l'ai dit plus haut, dans le dernier état du droit, le cas où le mariage cesserait par un divorce imputable à l'épouse. De plus, sous Justinien, les héritiers de la femme ont obtenu le même droit qu'elle à la restitution. J'ajouterai que, même pendant le mariage, si le mari est insolvable, la femme pourra reprendre sa dot, sans préjudice de l'inaliénabilité du fonds dotal, dont je parlerai plus loin; enfin, même avant Justinien, si l'épouse meurt *in matrimonio*, son père ou les tiers constituants qui auraient stipulé la restitution, jouiront du même avantage; et si, en l'absence de toute stipulation, la femme reprend sa dot, c'est qu'après la dissolution de l'union conjugale, elle ne doit pas se trouver dénuée d'une fortune d'où dépend son second mariage, considéré à cette époque comme d'intérêt public. Tout constituant autre que le père a sans doute entendu, au contraire, abandonner les biens donnés en dot; mais cette présomption tombe en présence d'une stipulation expresse. Quant au père, elle ne peut être invoquée, car celui-ci, en dotant sa fille, a seulement obéi à la loi.

Toutefois, l'obligation de restituer, et, par suite, les droits de disposition du mari seront différents suivant qu'il s'agira, d'un côté, de choses se consommant par le premier usage, ou estimées, si, du moins, l'estimation n'est pas accompagnée de la clause qu'elle ne vaut pas vente; de l'autre côté, de choses non estimées ou estimées avec la stipulation précédente. Au premier cas, le mari est bien réellement et absolument propriétaire. Il sera tenu, il est vrai (ou ses héritiers en son nom), de rendre à la dissolution du mariage à la femme survivante, ou au père, ou au tiers constituant

qui a stipulé la restitution, des quantités égales ou la
valeur des choses estimées ; mais, dans l'intervalle,
son droit de disposition est absolu. Il profite de toutes
les plus values fortuites, comme aussi il supporte tous
les risques ; il peut, en cas d'éviction, demander garantie par l'action *ex empto*. En outre, les fruits et les
produits non fruits, signalés plus haut, lui appartiennent sans restriction.

Au contraire, s'il s'agit de choses ne se consommant
pas par le premier usage, ou non estimées, ou estimées
avec cette stipulation que l'estimation ne vaut pas
vente, le mari est bien propriétaire, mais il est en
même temps débiteur d'un corps certain, de telle sorte
que les choses dotales s'améliorent pour la femme et
sont à ses risques ; si la dot a été constituée par *datio*,
l'action *ex empto* n'est plus ouverte au mari, mais
l'action de *dolo* seulement, pour obtenir cette dot.
L'éviction prouve simplement que rien, en réalité, n'a
été donné. Les produits qui n'ont pas le caractère de
fruits n'appartiennent pas au mari.

Les aliénations consenties par celui-ci pourront être
critiquées par la femme, et, de plus, en l'absence du
consentement de cette dernière, s'il s'agit d'immeubles,
la loi *Julia de adulteriis*, rendue sous Auguste, détruit pour ainsi dire le droit de disposition du mari,
le *jus abutendi*. J'ai déjà dit quel motif inspira cette
législation : désir d'assurer l'existence et le second
mariage de la femme après la dissolution du premier.
Aussi, le fonds dotal n'est pas déclaré, comme on
pourrait le croire au premier abord, absolument ina-

liénable. Il faut arriver à Justinien pour trouver ce système reproduit dans notre Code. Le mari, à l'origine, peut disposer du fonds dotal, mais avec le consentement de son épouse. La loi n'a pas été édictée en vue de la *fragilitas sexûs* invoquée plus tard, en particulier à l'époque du sénatus-consulte Velléien. Elle ne s'inspire pas non plus de l'intérêt des enfants. Les droits de succession attribués plus tard aux fils sur les biens de leur mère ne sont pas encore réglés. La législation se préoccupe de la femme seule, dont les biens dotaux se trouvent aux mains du mari propriétaire ; celui-ci va conserver certainement un droit sur la dot ; lui seul pourra consentir une aliénation, mais une créance de corps certain limitera son droit de propriété. Cette créance sera accompagnée entre les mains de l'épouse d'une sorte de privilège très-énergique qui détruit, pour ainsi dire, le *jus abutendi* du mari ; celui-ci, je l'ai déjà dit, ne pourra aliéner qu'avec le consentement de la femme. S'il a violé cette prohibition, l'épouse, dès que son droit sera né, pourra attaquer l'aliénation. Dans ce cas, pour être admise à revendiquer contre les tiers acquéreurs, elle devra néanmoins user de son droit, d'exiger, ou même de considérer comme accomplie la cession de l'action en revendication qui appartient directement au mari ou à ses héritiers ; du reste, pendant le mariage, ce mari ne me semble pas devoir être admis à invoquer la nullité. Nul texte, en effet, ne lui donne nettement cette faculté.

Si l'immeuble dotal avait été estimé, les droits de la

femme ne seraient plus les mêmes ; elle serait présumée avoir consenti d'avance à l'aliénation, s'être réservé seulement un recours sur les biens de son époux, recours uniquement sanctionné d'abord par un *privilegium inter personales actiones,* en vertu duquel elle est préférable aux autres créanciers chirographaires, recours soutenu plus tard par une hypothèque tacite sur les biens de son mari, doté enfin par la fameuse loi Assiduis, d'une hypothèque privilégiée, donnant préférence sur tous autres créanciers, même hypothécaires, même antérieurs au mariage. (Le mari, néanmoins, ne sera jamais condamné que dans les limites de sa fortune.)

Nous remarquerons encore une bizarrerie vraiment romaine. La loi Julia, jugée bonne à Rome et dans le territoire italique, n'est pas applicable aux fonds provinciaux ; c'est là du moins l'opinion des jurisconsultes postérieurs. Les *Institutes* vont même plus loin : Justinien déclare que cette disposition était contenue dans la loi *Julia ;* mais nous trouvons dans Gaïus, Comm. II, § 63 : « *Nam dotale prædium maritus, invitâ muliere, per legem Juliam prohibetur alienare, quamvis ipsius sit..., quod quidem jus utrum ad Italica tantum prædia, an etiam ad provincialia pertineat dubitatur.* » Au temps de ce jurisconsulte, il n'était pas certain que la loi Julia fût inapplicable aux fonds provinciaux ; cette loi ne s'était donc pas clairement expliquée. Le compte-rendu de Justinien est évidemment inexact ; mais le texte auquel il fait allusion était une loi restrictive. Celle-ci portait atteinte à l'ancien droit de propriété du mari sur le fonds dotal, droit jusqu'ici intact. Suivant la règle générale d'interprétation des lois restrictives, la jurisprudence jugea bon de donner le moins d'extension possible à la loi, de ne pas l'appliquer aux immeubles provinciaux.

Si je me suis appesanti un peu longuement sur ce fait que la loi Julia était inapplicable aux fonds provinciaux, c'est que des conséquences importantes vont être déduites de cette remarque ; ces conséquences sont relatives au droit d'hypothéquer les biens dotaux. L'hypothèque est un démembrement du droit de propriété ; l'immeuble sur lequel elle pèse diminue de valeur. Il faut conclure de là que la loi Julia, prohibant toute aliénation du fonds dotal, et même, au dire de Gaïus, toute obligation contractée sur ce fonds comme susceptible d'en diminuer la valeur, eût compris le droit d'hypothèque dans la défense faite au mari de disposer du fonds dotal sans le consentement de sa femme, si ce droit d'hypothéquer les biens dotaux eût été connu à Rome au moment où fut portée la loi Julia ; mais les textes qui relatent les dispositions de cette loi Julia sont muets sur la prohibition d'hypothéquer. C'est d'abord Paul : « *Lege Julia de adulteriis cavetur, ne dotale prædium maritus, invita uxore, alienet.* » (*Pauli, sentent. Lib.* II, *tit.* XXII [B] § 2.) C'est ensuite Gaïus dans le texte cité plus haut. Il est vrai que nous trouvons dans la loi 4 *de fundo dotali : « Lex Julia quæ de dotali prædio prospexit, ne id marito liceat alienare vel obli-*

gare... » Mais ce mot *obligare* ne pourrait-il pas être
uniquement, comme le fait judicieusement remarquer
M. Accarias, une conséquence du mot *alienare?*
Gaius ne dit pas qu'il fut dans la loi ; celle-ci, certainement, ne mentionnait pas l'hypothèque et surtout
ne défendait pas au mari, comme le dit Justinien, de
la constituer même avec le consentement de la femme.
D'ailleurs, nous savons qu'à l'époque de la loi Julia,
l'hypothèque était inconnue en Italie, le seul endroit
cependant où cette loi fut applicable. C'est là une
nouvelle preuve de l'inexactitude des assertions conte-
nues dans les *Institutes.* (Lib. II, tit. VIII.)

Et cependant, à l'époque des jurisconsultes, il est
certain que l'hypothèque ne peut être consentie par le
mari sur le fonds dotal, même avec le consentement
de sa femme. Quel texte a donc établi cette nouvelle
décision? On a parlé d'édits d'Auguste et de Claude.
Les mêmes raisons qui rendent impossible de voir la
disposition dont s'agit écrite dans la loi Julia, me
conduisent à rejeter cette hypothèse.

Plus tard, le sénatus-consulte Velléien défend absolument à la femme de s'engager, d'intercéder pour
autrui. Le mari est compris dans cette prohibition.
Or, en donnant son consentement à la constitution
d'hypothèque faite par le mari, la femme diminue, en-
gage, à l'occasion de l'obligation d'autrui, son droit de
réclamer la dot. Cet engagement a lieu dans l'intérêt
du mari dont le crédit se trouve augmenté. Il ne constitue pas néanmoins une donation, puisque la solva-
bilité de l'époux garantira, sans doute, les droits de

la femme. Du moins, si plus tard l'hypothèque est
préjudiciable à celle-ci, elle n'aura pas cru s'exposer
à ce préjudice, elle n'aura pas eu à l'origine l'intention de se dépouiller. Les conditions requises pour
que le sénatus-consulte Velleien soit applicable sont
toutes remplies. Ce sénatus-consulte a dû enlever à
l'épouse, le droit de consentir l'hypothèque constituée
par son conjoint sur le fonds dotal. Par là, le mari ne
pourra abuser de son expériencedes affaires pour cir-
convenir sa femme, lui représenter comme chimérique
le danger couru par elle de compromettre sa dot. En
même temps (et c'est là, à mon sens, un point très-
important dans l'esprit des auteurs du sénatus-consulte), les marchés scandaleux que les maris pauvres
consentaient trop souvent à leurs femmes riches, sont
rendus impossibles. L'influence trop grande conquise
par la femme se trouve diminuée. Le but réel et le
but apparent du sénatus-consulte sont atteints à la
fois.

Néanmoins, une distinction peut être proposée au
cas où l'hypothèque consentie par le mari serait relative à une obligation personnelle de la femme. Dans
l'espèce, en effet, on ne peut dire que l'épouse inter-
cède pour autrui, et c'est là cependant le principe
d'où nous faisons dériver la nullité du consentement
donné par la femme à l'hypothèque constituée par le
marisur le fonds dotal. Dans de telles circonstances
cette hypothèque sera donc valable. Il est entendu que
nous supposons le consentement de l'épouse. Dans
l'hypothèse contraire, bien que la loi Julia n'ait pas

spécialement visé l'hypothèque encore inconnue, les termes généraux employés par Gaius, au sujet de cette loi, me semblent suffisants pour soutenir la nullité de l'hypothèque.

C'est ainsi que selon les L. L. 5 et 6. de *fundo dotali*, tout acte de disposition qui, sans transférer la propriété, en diminue l'étendue (et, par exemple, la constitution des servitudes passives sur le fonds dotal) serait nul en l'absence de l'adhésion de la femme. L'analogie est incontestable entre les deux cas. Du reste, comme conséquence de la loi Julia, nous devons admettre aussi que le fonds dotal ne peut être usucapé ou prescrit *longo tempore*. En l'absence de ces solutions, l'inaliénabilité ne serait qu'un vain mot. Celle-ci, en outre, commence non pas seulement avec le mariage, mais avec le droit du mari sur la dot, et finit en même temps.

Au contraire, les aliénations *per universitatem*, par exemple, si le mari se donne en *adrogation*, ne tombent sous le coup de la loi Julia, mais l'acquéreur *per universitatem* reste tenu des mêmes obligations que le mari. De même, les aliénations qui ont une cause nécessaire, comme, par exemple, si le co-propriétaire d'une *universitas* indivise, dans laquelle se trouve compris le fonds dotal, demande le partage.

Je dois encore signaler certaines dispositions remarquables partiellement indiquées déjà, en vertu desquelles le mari possède sur la dot un droit de rétention plus ou moins étendu selon les cas : 1° *propter liberos*, lorsque le divorce provient de la faute de

la femme ou de celle de son père. 2° *Propter mores,*
lorsque l'épouse a été cause du divorce. 3° *Propter res
donatas,* quand le mari a fait une donation à sa
femme, par suite de la nullité de cette donation.
4° *Propter res amotas,* si la femme a détourné certains objets. 5° *Propter impensas,* pour solder les
dépenses nécessaires ou utiles faites par le mari sur
les biens dotaux.

Ce droit de rétention, néanmoins, n'est plus exercé
sous Justinien dans tous les cas qui précèdent. A cette
époque d'ailleurs, un remaniement complet du régime
dotal a eu lieu. La propriété de la dot est passée à
l'épouse. Les textes, tout en conservant au mari le titre
de *dominus dotis,* nomment aussi le droit de la
femme un droit de propriété. Et, en effet, l'inaliénabilité du fonds dotal a pris, nous l'avons vu, un caractère nouveau. Le mari ne peut plus aliéner, même
avec le consentement de sa femme. Il ne reste plus
rien en ses mains de ce *jus abutendi* qui est cependant le signe caractéristique de la propriété. La loi ne
tend plus seulement à protéger l'épouse contre les
dissipations de son conjoint, elle s'occupe, avant tout,
de sauvegarder le plus sacré de tous les intérêts en
jeu, celui des enfants. Le fonds dotal sera pour eux un
patrimoine certain. Ni le mari, ni la femme n'en peuvent disposer. Il est absolument inaliénable.

L'esprit, le texte de la loi Julia ou du Velléien sont
absolument abandonnés. On ne cherche ni à assurer
le second mariage de l'épouse, ni à la protéger, ni à
diminuer son influence. Moyennant certaines forma-

lités dont l'énumération serait inutile ici, la femme
peut intercéder en faveur des tiers, son mari excepté.
Toute la législation nouvelle semble avoir été combinée
au désavantage de ce dernier. L'inaliénabilité a été
étendue aux immeubles provinciaux eux-mêmes. La
restitution des choses dotales pourra être demandée
non plus seulement par la femme, le père constituant,
ou le tiers qui a stipulé la restitution, mais par les
héritiers de cette femme. Après un temps limité, sauf
dans certaines circonstances exceptionnelles, le mari ne
doit rien garder de la dot. Son droit a donc perdu ce
caractère essentiel de la propriété, la perpétuité. Si,
au moment de la dissolution du mariage, des choses
déclarées inaliénables sont passées entre des mains
étrangères, la femme ou ses héritiers sont présumés
avoir reçu cession de l'action en revendication du mari
ou de ses héritiers. Que dis-je ? Si les choses dotales,
estimées ou non, sont encore, en nature entre les
mains du mari ou de ses représentants, la femme peut
les revendiquer comme siennes. (L. 30. C. *de jure
dotium.*) Il est vrai, si les biens dotaux non expressément déclarés inaliénables ne sont plus entre les
mains de l'époux, la même action en revendication ne
peut plus être exercée. Mais faut-il s'arrêter à cette
distinction ? Le droit qui reste au mari de transférer
une propriété sérieuse aux tiers ne pourrait-il pas être
interprété comme un droit de large administration.
Une telle manière de voir n'a-t-elle pas été admise
comme une nécessité par l'art. 1449 de notre Code ?
N'est-il pas évident que toute bonne administration

suppose le droit de disposer du mobilier? Et d'ailleurs, s'il s'agissait d'immeubles estimés, auxquels je n'oserais appliquer le principe d'inaliénabilité, la femme n'a-t-elle pas pour les revendiquer entre les mains des tiers acquéreurs, en vertu de la loi même, une action hypothécaire privilégiée qui produira des résultats définitifs fort semblables à ceux d'une action en revendication?

En résumé, le mari n'a plus aucun droit sur la dot après la dissolution du mariage. Pendant le mariage, le *jus abutendi* est totalement absent de ses mains ou soumis à des restrictions telles qu'il est devenu illusoire. On peut dire que le mari n'est plus propriétaire de la dot. Celle-ci, je l'ai déjà dit, sera, non plus un moyen de se remarier donné à la femme, mais un patrimoine certain pour les enfants. Le mari, pour parer aux dépenses du ménage, a la jouissance, et, par suite l'administration des biens dotaux. Mais il ne pourra plus jamais aliéner les immeubles. La femme, de son côté, ne pourra plus imposer à son conjoint pauvre une tolérance honteuse. Le christianisme, tout en inspirant au législateur la pensée de sauvegarder les droits de l'épouse, ne va jamais si loin que la dignité du mariage soit compromise.

A côté de la dot, dans le mariage, se trouve une autre classe de biens, ceux donnés *ante nuptias* avant Justinien, *propter nuptias* sous ce prince. Ils sont, pour ainsi dire, le pendant de la dot. Le mari les donne à sa femme, mais il en conserve la jouissance. L'épouse n'a sur eux qu'une propriété résoluble. Ses droits sur les objets compris dans la *donatio propter nuptias,* ne s'ouvriront et ne deviendront efficaces que dans les mêmes cas où le mari pourrait conserver la dot. Alors la femme sera réellement et définitivement propriétaire. Son droit se réalisera également dans le cas d'insolvabilité du mari. Elle pourra alors réclamer la *donatio propter nuptias* en même temps que la dot. Jusque-là, l'épouse a seulement, comme je l'ai dit plus haut, un droit résoluble, sans aucun avantage immédiat.

Mais, d'un autre côté, nous savons également que l'épouse romaine possède une catégorie de biens, dont, à son aise, elle peut disposer. N'est-elle pas, depuis que la tutelle des agnats, la seule sérieuse, a disparu, n'est-elle pas, dis-je, absolument maîtresse de ses paraphernaux, sauf cependant la prohibition d'intercéder édictée par le Velléien, à peu près disparue d'ailleurs dans le dernier état du droit? N'y a-t-il pas là une garantie suffisante de cette indépendance qui suit toujours la richesse?

Les paraphernaux sont donc à la disposition de la femme. Ils échappent absolument à son conjoint. Une seule barrière est opposée au droit de l'épouse, barrière également désavantageuse au mari. Elle découle de l'interdiction des donations entre époux, consacrée depuis longtemps par l'usage, réglée plus tard par un sénatus-consulte du temps de Caracalla. Encore ces donations nulles dans le principe peuvent-elles être confirmées par le prédécès de l'époux donateur, sans révocation. Tout autre contrat entre con-

joints est entièrement permis. Du reste, la puissance
maritale n'entre pour rien dans les motifs de ces dispositions. Elles seraient plutôt une limite apposée à
l'influence trop grande que l'un des époux pourrait
exercer sur l'autre. Il sera donc suffisant de les avoir
indiquées.

Ainsi, dans la dernière période romaine, la femme
est à peu près indépendante. Toute la suprématie du
mari se résume en une autorité vague sur la personne
de son épouse, et dans la jouissance des biens dotaux,
impliquant direction du ménage. Quelle route immense
parcourue depuis l'esclavage de la femme dans les premiers temps de l'histoire romaine !

Mœurs Gauloises.

Nous avons déjà étudié la puissance maritale à Rome. Avant de passer à l'étude des coutumes germaines dont la fusion avec le droit romain et le droit canonique a produit la plupart des législations actuelles, je me demande s'il ne faudrait pas tenir compte d'une autre source, à laquelle certes les jurisconsultes ne sont pas venus puiser directement, mais dont l'influence a pu être considérable sur les mœurs nationales, et, dès lors, avoir sa part dans la formation des institutions à l'origine de la monarchie française. Je veux parler des mœurs gauloises. Rarement, les usages des peuples conquis manquent d'exercer une certaine action sur les lois données par les conquérants. Seules peut-être, dans la longue histoire de l'invasion des Barbares, les coutumes anglo-saxonnes ont presque péri sans retour (fait expliqué d'ailleurs par des causes particulières). Le principe de la personnalité des lois, admis dans la plus grande partie de l'Europe, a permis au contraire aux institutions des peuples vaincus de se perpétuer, du moins dans les pays où la domination romaine n'avait pas entièrement absorbé les anciennes nationalités.

Malheureusement, les documents que nous possédons sont loin de suffire pour reconstituer les institutions gauloises. Celles-ci, d'ailleurs, ne se retrouvent guère que dans une région très-limitée. (Dans le Midi, l'établissement très-ancien de colonies grecques, n'a guère laissé subsister les traditions des premiers habitants.) Dans le Nord, dès une époque fort reculée aussi, se rencontrent des traces de la présence des premières tribus germaines. Quant aux coutumes de la Gaule celtique, nous sommes renseignés presque exclusivement par César. Dans les *Commentaires*, nous trouvons, quant aux relations de la femme mariée avec son époux, le passage suivant : « *Viri in uxores..... vitæ necisque potestatem habent, et quum pater-familias illustriore loco natus decessit, ejus propinqui conveniunt, et de morte si res in suspicionem venit, de uxoribus in servilem modum quæstionem habent.* » Le mari a donc sur sa femme le droit de vie et de mort. Il existe dans certains cas une sorte de tribunal de famille analogue à celui que nous avons trouvé chez les premiers Romains au temps de la *manus.* La situation de l'épouse est donc encore ici inférieure. L'empereur Julien rapporte même un fait dans lequel on peut trouver la mesure de la subordination excessive de la femme : « Si l'épouse est soupçonnée d'infidélité, elle doit jeter son enfant dans le fleuve ; s'il reste au fond, la femme est condamnée à mort ; s'il surnage, elle est reconnue innocente. »

Cependant le régime des biens dans le mariage gaulois nous montre une institution fort originale de laquelle il semble résulter que tous les droits de la femme ne sont pas absolument méconnus. Le même

César nous dit en effet : « *Viri quantas pecunias ab uxoribus dotis nomine acceperunt, tantas ex suis bonis, æstimatione factá, cum dotibus communicant. Hujus omnis pecuniæ conjunctim ratio habetur fructusque servantur. Uter corum vitá superarit, ad eum pars utriusque cum fructibus superiorum temporum pervenit.* »

Le mari doit fournir une somme égale à l'apport de sa femme. Les deux apports sont réunis, leurs fruits capitalisés, et le survivant profite de tout. L'épouse ne pouvait être absolument esclave chez un peuple où l'on prenait un tel soin d'assurer son existence après la dissolution du mariage. Elle n'était pas dans la société un être absolument sans droit, sans influence. Elle ne devait pas sans doute subir l'insulte de la polygamie. Comment les maris eussent-ils pu fournir un ensemble d'apports égaux à ceux de nombreuses épouses. Quelques privilégiés seuls y fussent parvenus. On se demande cependant jusqu'à quel point un pareil usage était suivi en fait. Le mari qui jouit du droit de vie et de mort semble devoir disposer des biens en maître absolu. Il pourra facilement dès lors éluder son obligation.

La coutume que je viens de rapporter a donné lieu à de nombreuses controverses. Certains ont voulu voir en elle l'origine de la communauté, d'autres, celle du douaire. Mes doutes, à cet égard, ne me permettent pas d'exprimer une opinion. En cela, d'ailleurs, ne sortirais-je pas de mon cadre ? J'aurai, il est vrai, à étudier plus tard les droits du mari sur les biens de la

femme tombés en communauté, mais dans le fragment
de César indiqué plus haut, ne se rencontre ni l'origine du droit de jouissance de l'époux, ni celle du
partage des biens de communauté entre le survivant
et les héritiers du conjoint défunt. D'un autre côté,
ce fait singulier, l'égalité d'apports n'est pas le moins
du monde de l'essence de la communauté conjugale
usitée dans le moyen âge et les temps modernes.

Comme chez les autres peuples de l'antiquité, le
divorce était très-probablement autorisé en Gaule.

Droit canonique.

Avant de passer à l'étude des coutumes et des lois germaines qui vont devenir la base du droit franc, du droit féodal et du droit coutumier français, qu'il me soit permis de présenter de brèves observations sur l'influence constante du christianisme dans le développement des institutions relatives à la puissance maritale. Cette influence ne se traduira pas souvent en lois canoniques. Les conciles ont bien eu, à une certaine époque, une sorte de pouvoir législatif; mais rarement ils en ont usé pour émettre des lois d'ordre civil.

Toutefois, le clergé riche, puissant, dépositaire en quelque sorte d'une part de l'ancienne civilisation, présidant au mouvement des idées, a souvent influé sur les décisions législatives en particulier dans la première période de notre droit, à l'époque des Capitulaires. De plus le christianisme a été, depuis son triomphe jusqu'au siècle dernier, le seul régulateur des consciences. Là où il n'a pas fait les lois, il a inspiré les mœurs. Ainsi, grâce à lui, la puissance du mari sur la personne de la femme gauloise ou germaine, prend un caractère plus doux. Et, d'un autre côté, le précepte de saint Paul : « Femmes, obéissez à vos maris, » établit une autorité raisonnable de l'époux sur son épouse. D'ailleurs, quand je dis « une autorité raison nable, » je ne prétends pas que le droit de châtier la femme, conservé par le mari pendant tout le moyen âge, n'ait pas donné lieu à de graves abus sanctionnés par la législation elle-même ; mais, du moins, en principe, le christianime s'est tenu également éloigné des deux excès : d'un côté, indépendance absolue, si fatale aux mœurs et à la famille pendant la dernière période romaine ; de l'autre côté, sujétion sans limites, signe d'un état social dans lequel la force prime le droit.

Le christianisme contribue encore à rehausser dans l'opinion la dignité du mariage. L'union conjugale est l'objet d'un sacrement. Ce sacrement produit un lien puissant. Dès les premiers temps, l'indissolubilité n'a pu passer dans la loi ; mais les canons d'Elvire en 305, d'Arles en 314, remplacent le divorce par la séparation d'habitation, entraînant impossibilité d'un second mariage. Plus tard, sous Charlemagne, les efforts de l'Eglise font triompher contre les mœurs barbares le principe que les canons ont proclamé.

Sans entrer fréquemment dans le domaine temporel, l'Eglise prend soin encore de faire exécuter la maxime : *Nullum sine dote conjugium.*

Enfin, si le *mundium* germain renfermait déjà les éléments de l'autorisation maritale, le précepte déjà cité de saint Paul : « Femmes, obéissez à vos maris, » a favorisé l'établissement définitif de l'autorité de l'époux sur les contrats faits par sa femme dans les pays coutumiers.

En un mot, action sur les mœurs, sur l'opinion, tel est le rôle principal de l'Eglise. Ainsi elle prépare les transformations, les réformes d'où sortira la législation moderne.

Coutumes Germaines.

Comme chez la plupart des peuples enfants, nous trouvons en Germanie une grande cohésion de la famille. Tous ses membres sont intimement unis, non-seulement pour la vengeance, *fœda,* mais encore pour la répression des délits commis par l'un d'eux. Ou plutôt, quand je dis tous les membres de la famille, il faut entendre uniquement les hommes capables de porter les armes. Ceux-ci doivent être les maîtres, puisque par eux seuls la sécurité commune est assurée. La femme doit obéir, elle est placée sous leur puissance, sous leur *mundium.* Le mari, certainement, exercera sur son épouse une autorité plus directe que celle des autres parents. Un devoir de protection plus immédiat lui sera imposé. Néanmoins dans les situations difficiles, si par exemple, la femme a commis une faute grave, appel sera fait pour la juger au tribunal de famille. Je dois même dire que dans ce tribunal seront admis les parents de l'épouse. Celle-ci, malgré ce symbole de vente du *mundium* que nous trouvons dans les institutions germaines n'est pas devenue, par le mariage, absolument étrangère à sa famille. Elle trouvera chez ses proches secours et protection. Du reste, au dire de Tacite, le *mundium* est plutôt une tutelle protectrice qu'un joug pesant, la femme est entourée d'un certain respect.

Ce n'est pas qu'à mon sens il faille admettre aveuglément l'exactitude du tableau très-favorable tracé par l'auteur de la *Germania*.

Nous voyons, au contraire, l'épouse assujétie à de pénibles labeurs. Tandis que les hommes boivent et se battent, elle cultivera la terre et sera chargée de tous les travaux d'intérieur. Elle n'est assurément pas libre de ses actes. Le mari a sur sa personne des pouvoirs presque sans limites. A l'époque de Louis le Débonnaire, un capitulaire lui reconnaît encore le droit de vie et de mort.

D'un autre côté, le respect du mari pour la femme, suivant Tacite, est-il bien certain en présence de ce fait : que la polygamie est permise en réalité, si elle ne l'est pas en droit. Le même Tacite reconnaît que les grands peuvent avoir plusieurs femmes ; c'est, dit-il, parce que l'éclat de leur naissance fait rechercher leur alliance. Je l'admets ; mais, en ce cas, la monogamie n'est ni un principe de morale, ni un principe de droit positif. Ne voyons-nous pas chez la plupart des peuples polygames, les grands seuls assez riches pour avoir plusieurs femmes? La polygamie, comme je le disais tout à l'heure, est donc permise en fait. Dès lors, je ne m'avancerai pas beaucoup si j'ajoute que l'épouse n'est pas l'objet de ces sentiments délicats d'amour et de respect dont parle le grand historien moraliste. L'homme qui a plusieurs femmes ne peut guère les entourer de vénération.

En résumé, donc, la femme germaine n'est à mes yeux ni ravalée, ni considérée comme absolument incapable de posséder des droits ; mais son rôle social n'en est pas moins inférieur, elle est soumise, dominée par le sexe fort.

Du reste, nous verrons bientôt par ce qui reste du *mundium* à l'époque de Beaumanoir, que la sujétion de la femme, en Germanie, et chez les Francs, ne peut avoir été aussi douce que certains ont voulu le soutenir.

Actuellement, après avoir dit quelques mots des pouvoirs du mari sur la personne de sa femme, étudions son droit sur les biens.

La femme reçoit une dot de son père. Certains auteurs vont jusqu'à considérer cette dot comme exigée (M. Gide). Le mari fait des présents au père, présents partagés au contraire, selon la loi des Burgondes, entre la femme et ses parents, attribués même, d'après Tacite, à la femme seule. L'époux fournit encore le *morgengab* (don du matin). La femme, enfin, a dans une mesure très-restreinte il est vrai, des droits de succession. Elle est donc propriétaire, mais pendant le mariage elle n'administre pas, elle n'a pas la jouissance de ses biens ; elle n'en peut disposer. Le mari, du reste, devra conserver ce qui appartient à son épouse, afin de pouvoir, à la dissolution du mariage, en opérer la restitution à la femme ou à ses parents. Bien plus, si la dot se trouvait compromise, l'épouse pourrait la réclamer, même pendant le mariage (M. Gide).

L'autorisation maritale du droit coutumier et du

droit moderne se trouve donc renfermée dans le pouvoir du mari germain sur les biens.

Du reste, en dehors même du mariage, la femme
placée sous la tutelle de ses parents ne peut défendre
elle-même ses droits. En justice, elle aura besoin d'un
représentant. Dans le mariage, le mari, tuteur naturel de son épouse, sera appelé dès lors à exercer pour
elle les actions judiciaires. Ce fait est constaté par une
charte de 651 (Pardessus). Un pouvoir de contrôle
en doit résulter.

De plus, le principe même de l'autorisation maritale
se retrouve dans le droit lombard. Sans doute, ce droit
peut être différent des pures coutumes germaines, mais
rien de plus légitime que de le considérer comme une
transformation du *mundium*, analogue à celle que
nous verrons plus tard se produire dans notre pays.
Nous possédons une charte de Saint-Gall (744), selon
laquelle une femme ne peut s'obliger, et surtout rien
donner de ses biens sans l'autorisation de son mari.

Nous devons remarquer que, déjà dans la législation lombarde, au cas d'un refus déraisonnable du
mari, l'épouse peut demander l'autorisation du juge.
Celui-ci a sans doute mission d'être le protecteur de
la femme, comme l'étaient son père et ses autres parents dans le tribunal domestique de la famille germanique primitive.

De plus, à l'appui de l'opinion qui considère le
mundium du mari germain comme l'origine de l'autorisation maritale, nous voyons que la veuve incapable
de se remarier sans payer le prix du *mundium* aux

héritiers de son mari, peut cependant, dans l'intervalle
du veuvage à sa deuxième union, disposer de ses biens
sans aucune autorisation. Sa liberté était donc entra-
vée auparavant par un pouvoir particulier résidant
dans les mains du mari.

Enfin le régime de communauté qui règnera plus
tard dans le droit coutumier est considéré par un grand
nombre d'auteurs comme né de la collaboration conjugale des Germains. Les biens à diviser entre le survivant des époux et les héritiers du défunt après la
dissolution, sont administrés par le mari pendant le
mariage, et, ainsi, sous une autre forme, se révèle
le principe de sa supériorité relativement à la gestion
des intérêts pécuniaires. Quand les fruits des propres
de l'épouse deviendront une part de la communauté,
l'époux administrateur, malgré la disparition du *mundium*, conservera, comme chef du ménage, un droit
sur les propres eux-mêmes dont il jouit. Ce droit,
favorisé par le principe religieux d'obéissance de la
femme vis-à-vis de son mari, se transformera facilement en un droit de contrôle, en ce droit d'autorisation qui restera jusqu'à nos jours entre les mains de
l'époux.

Période gallo-franque et féodale.

J'ai essayé jusqu'ici de donner une idée des législations qui vont concourir à la formation de notre droit
français. Ces éléments sont souvent disparates. Il faudra un long travail de fusion pour mettre l'unité à la
place de ce chaos. Je m'efforcerai maintenant, en par-
courant les périodes gallo-franque, féodale et coutumière, d'entrevoir le moment où des institutions si diverses se juxtaposent et se combinent.

Sous les rois francs, mérovingiens ou carlovingiens,
une transformation complète s'opère dans la situation
de la fille ou de la veuve. Chacun des conquérants a
acquis des domaines, se fixe sur leur sol, et va s'occuper de les cultiver. La famille groupée au foyer va
être plus unie encore.

D'ailleurs la royauté, aidée par les souvenirs romains et par l'influence des évêques, voit peu à peu
son pouvoir s'accroître. Elle comprend que sa protection doit s'étendre sur les faibles; et Charlemagne
ordonne à ses envoyés de surveiller les tuteurs. A
cette époque, les seuls restes du *mundium* appartenant aux héritiers du mari mort, consistent dans le
droit de donner un conseil sur le second mariage de
la veuve au cas où celle-ci aurait des enfants du premier mari. Le *mundium* est devenu moins une propriété qu'une charge.

Dans l'union conjugale seule, le *mundium* persiste avec toute son énergie. Le droit de l'époux s'appuie en effet sur le devoir religieux d'obéissance de son épouse. Celle-ci cependant à partir du huitième siècle, ne peut plus être répudiée. Mais avant d'obtenir cette loi, l'Église a dû lutter longtemps contre les anciennes mœurs romaines ou barbares. Elle-même, d'ailleurs, était restée à ce sujet longtemps hésitante. Saint Augustin qui, le premier, fit réprouver la répudiation par le concile de Mélève (Afrique), écrivit plus tard un livre dans lequel il déclarait la question de l'admissibilité du divorce infiniment épineuse, au point, disait-il, que celui qui se trompera sur cette question ne sera jamais coupable que d'un péché véniel.

Plus tard, sous les Carlovingiens, la féodalité prend naissance. La femme non mariée ne peut recevoir de concession féodale. Quand les fiefs deviennent héréditaires, elle peut succéder seulement au titre de son père. Le seigneur reprend le fief, car le sexe faible est incapable du service militaire et du service de corps et de bras, s'il s'agit d'une terre non noble. La femme ne peut, en réalité, être propriétaire d'un fief. La tutelle féodale à laquelle elle est soumise devient un fardeau pesant. Dans le mariage, elle est moins à plaindre, la religion s'efforce de faire du mari un maître affectueux. Celui-ci, du reste, est appelé bientôt à porter le fief de sa femme. La tutelle lui a toujours appartenu. Il devient le gardien, bail, baillistre. Il fait le service du fief et en même temps de la terre mainmortable, mais aussi il jouit de ces biens.

Dans la période suivante, les seigneurs abandonnent aux femmes non mariées la plupart de leurs droits, droit de mariage, de tutelle moyennant des redevances pécuniaires. La fille, la veuve deviennent propriétaires. Elles peuvent faire partie du corps féodal. A leur égard, le *mundium* n'existe plus. La vilaine elle-même, au moment où les communes s'affranchissent, n'a plus besoin de la même protection, car elle vit au milieu de bourgeois tranquilles, enfin maîtres d'eux-mêmes et protégés par des chartes, par des lois. La tutelle germanique des femmes disparaît, sauf celle qui réside dans les mains du mari, parce que la femme mariée peut être propriétaire, mais ne peut faire elle-même le service du fief, parce que le christianisme lui ordonne l'obéissance, enfin parce que les bourgeois du douzième siècle, confondant volontiers les biens des deux conjoints, ont jugé nécessaire de donner un chef au ménage. Le mari est maître des biens de collaboration conjugale, des conquêts, il jouira aussi des propres de sa femme. La fille, la veuve peuvent contracter, plaider, ou plutôt choisir librement un champion pour les représenter en justice. Au contraire le *mundium* marital persiste dans l'intérêt du mari, *baron de sa femme,* selon Beaumanoir. (M. Gide.)

Qu'on s'arrête un instant sur ce mot éloquent, « le mari, baron de sa femme. » Le suzerain ne trouve pour ainsi dire pas de limite à ses droits sur la personne de son vassal. Celui-ci doit des services. Le seigneur a une sorte de propriété supérieure sur les biens de celui qui lui rend hommage. Il y a peu de temps

encore, il exerçait à son profit la tutelle féodale sur
l'enfant ou la femme. Tous les mêmes droits appar-
tiendront au mari. En sa main, ils seront plus éner-
giques encore que dans la main du seigneur, car les
deux époux sont dans un contact perpétuel, car la
religion sanctionne ou paraît sanctionner, à cette époque peu éclairée, le pouvoir qu'un mot faisant partie
du dictionnaire féodal est venu définir. Le plus souvent, sans doute, l'affection conjugale tempérera la
dureté du pouvoir marital ; mais aussi plus d'une fois,
le mari tout-puissant, pour ainsi dire, sera un véritable tyran. L'épouse est restée, en quelque sorte, sous
le *mundium* ancien. Par ce qui a survécu de celui-ci
jusques au temps de Beaumanoir, ceux qui ne veulent
voir dans cette institution qu'une tutelle protectrice,
peuvent juger combien leur thèse est peu certaine.

Essayons maintenant, sur le témoignage du même
Beaumanoir, d'acquérir une idée plus nette des pouvoirs du mari sur la personne et les biens de la femme.

« Par plusors cas poent li home estre escusé des
griés qu'ils font à lor femes ; ne ne s'en doit le justice
entremettre car il loist bien à l'omme batre se feme,
sans mort et sans mehaing (rupture de membre),
quand elle mesfet, si comme quand elle est en voie
de fere folie de son cors, ou quand elle dement son
baron, ou maudist, ou quand elle ne veut obéir à ses
resnables commandemens que prode feme doit fere :
en tel cas et en sanllables est-il bien mestiers que li
maris soit castierres de se feme resnablement. » (Beaumanoir, LVII, 6.)

Ainsi, la femme doit obéissance aux « resnables »
commandements de son mari (et ce mot ne doit pas
nous faire illusion. Nous avons vu ce qu'était un « res-
nable » châtiment). Qu'elle ne s'avise pas de démentir
son mari, qu'elle ne le maudisse pas, qu'elle ne prononce pas contre lui un mot trop vif. Elle lui doit
respect sous peine du bâton. La justice ne doit en rien
s'entremettre, et si la femme venait à demander une
séparation de corps, Beaumanoir nous apprend que
des coups et blessures, sans rupture de membre,
seraient comptés pour bien peu de chose. Que dis-je?
Battre sa femme n'est pas seulement un droit, c'est
souvent un devoir. Selon les anciens juristes, le mari
est responsable des actes de sa femme, aussi bien que
de ceux de ses jeunes enfants, car il aurait dû la châtier et l'empêcher de mal faire. La personnalité de
l'épouse est bien près d'être absorbée par celle de son
époux.

La femme est propriétaire, mais « comme les maris
ont puissance sur la personne de leurs femmes, aussi
l'ont-ils à plus forte raison sur leurs biens » (Loyseau).

Le droit du mari résultant du mariage lui-même est
nécessaire et légal. La législation féodale, comme la
législation germanique, admet en effet un seul régime
nuptial. Sous ce régime, les biens du mari et ceux
de la femme sont en commun par l'effet propre du
mariage et le mari en est le maître : « Si tost comme
mariage est fes, li bien de l'un et de l'autre sont communs par le vertu du mariage, et li hons en est
mainburnissières. » (Beaumanoir.) La séparation de

biens ne peut jamais exister qu'à la suite d'une séparation de corps. L'union entre l'homme et la femme est devenue si intime, qu'on peut le dire, l'un et l'autre ne font qu'un, les biens sont confondus et le mari est quasi-propriétaire, ou du moins jouit du tout. Il dispose des propres de son épouse, si celle-ci consent, si bien que l'on disait : « Le mari se doit relever trois fois la nuit pour vendre les biens de sa femme. » Nul remploi en effet n'est exigé.

Cependant il ne faudrait pas aller trop loin. Une grande puissance réside entre les mains du mari. Ce dernier semble absorber dans sa personne toute sa famille, corps et biens, et néanmoins la femme conserve ses droits de propriété. Ceux-ci deviendront efficaces à l'époque de la dissolution du mariage, tandis que pendant la durée de la société conjugale l'aliénation des immeubles, si désavantageuse à la femme, ne peut avoir lieu sans son consentement. Le principal danger consistera dans la supériorité du mari, dans son autorité sans bornes, s'étendant jusqu'aux mauvais traitements, telle que bien des consentements pourront être obtenus, pour ainsi dire, de force. Un être faible, habitué à obéir, à peine admis à se plaindre en justice des brutalités dont il est la victime, ne peut opposer à la volonté de *son baron* une bien grande résistance.

La femme peut bien contracter elle-même au sujet de ses propres biens, mais à la condition d'être munie du consentement exprès de son mari. En définitive, la volonté de celui-ci est toujours prépondérante.

Et voici, ce me semble, le lieu de remarquer que la mainbournie, l'ancien *mundium*, est bien l'institution originelle d'où est issu le principe moderne de l'autorisation maritale, en ajoutant toutefois que des modifications profondes se sont produites depuis.

A l'époque de Beaumanoir, en effet, nous ne voyons nullement prise en considération la faiblesse de la femme, la *fragilitas sexûs* invoquée plus tard par les romanistes et dont le Code tiendra grand compte. On ne songe pas non plus à l'intérêt de la famille, à l'intérêt des enfants, dont la législation contemporaine ne méconnaît nullement l'importance. La femme est libre de s'obliger de contracter seule dans tous les cas où des circonstances particulières empêchent de demander l'autorisation. Elle est même absolument indépendante dans des hypothèses où le droit actuel exige l'autorisation du juge. « Si comme se ses barons est fous ou hors du sens, nous dit le grand jurisconsulte de Beauvoisis , si que il est aperte coze qu'il ne se melle de riens, et que le feme fait et mainburnist toutes les cozes qui à eus apartienent; ou se le feme est marqueande d'aucune marqueandise dont ses barons ne se set meller, ou se li barons est en estranges teres, fuitis ou banis, ou emprisonés sans espérance de revenir ; car autrement seraient moult de bone gent homi qui baillent le lor à teles manières de femes et eles-meismes en perdraient lor marceandises. » (Beaumanoir.)

La femme n'a donc au moyen âge de limites à sa liberté que celles imposées par l'intérêt du mari. Dès

que les circonstances empêchent ce dernier de mani-
fester sa volonté, l'épouse reprend dans son entier le
droit naturel de contracter, de s'obliger.

Jusqu'au temps de Pothier, le principe semble rester le même, car ce jurisconsulte, s'occupe surtout de
sauvegarder la puissance du mari, et invoque cette
puissance seule, comme principe de l'autorisation
maritale. Et cependant de graves modifications au
système ancien, developpées plus loin, ne permettent
pas de douter de l'influence du Droit romain sur la
législation.

Après Pothier, le Code qui se laisse guider si souvent par l'auteur du *Traité de la puissance du Mari*,
semble parfois tenir un grand compte, un compte
trop exclusif, peut-être, de la puissance du mari,
organisée dans l'intérêt de ce dernier. Mais, ici,
d'autres considérations sont entrées, certainement,
dans l'esprit du législateur. Je l'ai remarqué déjà,
en effet, l'intervention du juge est nécessaire aujourd'hui pour habiliter la femme dans des circonstances où Beaumanoir nous la représente comme absolument indépendante.

Du reste, je ne poursuivrai pas maintenant l'étude
de cette question si délicate de l'origine et des motifs
de l'autorisation maritale. J'ai voulu indiquer que le
principe de cette autorisation dérive en premier lieu du
mundium germanique, de la mainbournie du moyen
âge, et en même temps que des principes nouveaux
ont transformé l'ancienne puissance du mari. Je reviens à l'étude des conséquences de la supériorité de

l'époux sur son épouse, et des effets de cette supériorité en ce qui concerne les biens.

La disposition des meubles de la femme est laissée
à son conjoint, en même temps qu'un droit absolu sur
les conquêts de communauté. « Tuit li mueble sunt
à l'omme, le mariage durant » dit Beaumanoir. Mais
à la dissolution la femme a un droit sur ces meubles.

Ce n'est pas là seulement un gain de survie, semblable au droit ancien de la femme sur les biens de
collaboration conjugale, droit encore en vigueur au
moyen âge dans les coutumes de l'Angleterre et de la
Normandie. C'est une véritable propriété, puisque le
prédécès de l'épouse permet aux héritiers de revendiquer leur part de meubles et acquêts de communauté.
Les conjoints sont de véritables associés, et dans la
plupart des coutumes, ils ont un droit égal sur les
biens de communauté. « Mari et femme, dit Loysel,
sont communs en tous biens meubles et immeubles,
au lieu que jadis elle n'y avait que le tiers. »

En résumé, tant que les époux sont sous le même
toit, le mari fort de son autorité et de la tradition,
obéissant d'ailleurs à l'éternelle loi de l'égoïsme, tire
tout à lui, tous les pouvoirs, la jouissance de tous les
biens; et la coutume consacre son usurpation. Quand
le mariage est dissous, un contact permanent ne
donne plus lieu au mari d'exercer sa supériorité de
fait. Aussi revient-on, alors, dans la région des principes, le droit égal de la femme est reconnu et le régime de communauté est fondé. Du reste, ce régime
est évidemment préférable au droit antérieur, puisqu'il
est basé sur l'égalité des deux sexes.

7

Période coutumière.

Déjà, à l'époque de Beaumanoir, le Droit romain pénétrait en France ; la féodalité était sur son déclin. Le mouvement communal avait pris un rapide essor, la monarchie française tendait à réunir ses mille fragments dispersés. L'unité de la législation romaine était pour celle-ci une cause de supériorité, qui devait l'aider puissamment à supplanter, à modifier beaucoup, du moins, les usages antérieurs si divergents entre eux. Monarques et romanistes devaient s'entendre, car les uns avaient pour but l'unité politique, les autres, l'unité sociale du pays, si je puis m'exprimer ainsi. Le système romain, d'ailleurs, ne concentrait-il pas tous les pouvoirs entre les mains des rois, si avides d'autorité ?

Le clergé préférait également le droit des Pandectes, en partie inspiré par lui, aux barbares coutumes de la Germanie, transformées, mais non disparues encore.

Tout semblait se réunir pour favoriser le développement du Droit romain. Les écoles, les légistes, l'étudièrent avec une sorte de passion, et la lutte commença entre les vieilles institutions et la législation écrite. Celles-là avaient pour elles la tradition, celle-ci s'appuyait sur une immense supériorité de raison. Une révolution profonde s'opéra. On conserva les anciennes coutumes en leur imprimant un caractère nouveau, un esprit nouveau.

Nous l'avons vu, le *mundium* marital, la main bournie reposaient jusqu'à cette époque sur le droit du mari de commander parce qu'il était le plus fort. La femme mariée avait perdu nombre de ses droits, non parce qu'on la considérait comme incapable de diriger sa personne et de gérer ses biens, mais dans la crainte de porter atteinte à la puissance du mari. Le Droit romain apporta et fit accueillir l'idée de la *fragilitas sexus*. En même temps, il soumettait toutes les femmes aux prohibitions du sénatus-consulte Velléien. On se garda bien néanmoins d'emprunter à la loi romaine impériale les institutions qui consacraient l'indépendance de la femme mariée. La *fragilitas sexûs* est accueillie par ce seul motif qu'elle diminue encore la capacité de l'épouse. Le défaut d'autorisation entrainait uniquement autrefois une nullité relative, c'est-à-dire invocable seulement par le mari ; la femme, ses héritiers et peut-être même les tiers seront admis avec le temps à s'en prévaloir. Et si je ne parle qu'avec hésitation du droit des tiers, c'est que la coutume de Paris est muette, c'est que les autres coutumes sont conçues en divers sens. Enfin, les auteurs émettent à cet égard des opinions très-divergentes. Certains vont presque jusqu'à se contredire eux-mêmes. Lebrun, par exemple, après avoir admis que la nullité n'est pas invocable par les tiers, refuse à la femme le droit de ratifier les actes qu'elle était incapable de faire, *ceux-ci étant absolument nuls*. Pothier admet la possibilité d'une pareille ratification, mais, dit-il, *elle ne produira d'effet qu'à sa date,* d'où on conclurait aisément que l'acte n'avait pas d'existence antérieure, était radicalement nul.

En présence de pareilles discussions mon embarras est grand. J'inclinerais peut-être à ne pas déclarer la nullité absolue. Telle était l'opinion de Dumoulin, dont la coutume de Paris (muette sur la question, ainsi que je l'ai dit), a le plus souvent reproduit les solutions.

Mais l'opinion de Pothier (*Traité de la puissance du mari,* § 5) est en définitive contraire. Cet auteur ne discute même pas la question, sans doute parce que la décision lui paraît certaine. Je crois donc que dans le dernier état de la jurisprudence, à tort ou à raison, la nullité absolue est admise. (Conforme Merlin, autorisation maritale.)

Ce même Dumoulin, dont l'autorité et l'influence furent si grandes dans la matière qui nous occupe, a donné pour ainsi dire à la puissance maritale son caractère définitif. Il ne considère pas le mari comme un maître auquel le commandement est accordé en cette seule qualité, mais, au contraire, comme le chef naturel de la communauté chargé d'empêcher les fautes que l'inexpérience ordinaire de la femme pourrait faire craindre. L'autorité est donnée à l'époux comme représentant de la famille et dans l'intérêt de celle-ci autant que dans le sien propre. Par exemple, le mari mineur ne pourra, selon Dumoulin, autoriser sa femme, car il n'est pas plus capable qu'elle. Cette solution toute-

fois est loin d'être universellement admise par la jurisprudence postérieure. Merlin, Pothier considèrent que
la nécessité d'autorisation est une conséquence de la
puissance maritale seule, que le titre de mari confé-
rant, en quelque sorte, un droit supérieur, suffit toujours pour rendre celui qui en est investi capable
d'abiliter la femme.

Et néanmoins, sous les influences dont je viens
de parler, le Droit romain d'abord, l'esprit novateur
de Dumoulin ensuite, apparu à une époque où l'esprit
public s'élève et n'accepte plus avec le même aveugle-
ment une puissance maritale dont la base lui paraît
vicieuse, la législation s'est modifiée en plusieurs points.
Le pouvoir du mari sur la personne reste toujours hors
de cause, bien qu'adouci en fait comme les mœurs
générales. Mais les droits du mari sur les biens reçoivent de graves atteintes. Le régime de communauté
était jadis le seul admis, sans modifications. Les conventions des parties pourront en changer les règles à
l'avenir. Les biens dotaux pourront être déclarés inaliénables. Certains juristes essaieront même de faire de
l'inaliénabilité une règle absolue. Bien plus, le contrat
de mariage pourra contenir une clause de séparation
de biens, et, si, pour aliéner, la femme reste toujours
soumise à l'autorisation de son mari, elle devient
capable d'administrer ses paraphernaux. Le droit de
l'épouse d'avoir recours au juge au cas de refus déraisonnable d'autorisation de la part de son conjoint,
droit vaguement reconnu auparavant, se trouve dans
cette nouvelle période du droit, énergiquement consacré.

D'autre part, le principe romain de l'exclusion des offices virils, et, en particulier, l'incapacité de plaider seule, conforme au Droit ancien, en ce qui touche la femme mariée, est évidemment maintenu avec toutes ses conséquences.

Le moment serait, peut-être, venu maintenant, de présenter un tableau complet de notre ancienne législation, relativement à la puissance maritale. Guidé par le remarquable Traité de Pothier, je pourrais essayer de faire revivre le Droit du dix-huitième siècle. Je me bornerai, cependant, à esquisser rapidement les droits du mari à cette époque. N'allons-nous pas trouver dans le Code les mêmes solutions, presque exactement reproduites? Si j'entrais dès à présent dans les détails, ne serais-je pas condamné plus tard à de fastidieuses redites? Certes, dans la confection des lois contemporaines, un esprit tout nouveau se révèle ordinairement. Détruire les vieilles institutions n'a nullement effrayé nos réformateurs philosophes. En bien des points, ils n'ont voulu se laisser guider que par ce qu'ils jugaient être le droit naturel.

Dans notre matière, néanmoins, dans les détails surtout, les jurisconsultes, imbus des décisions anciennes eurent au moins autant d'influence que les esprits spéculatifs; ces derniers obtinrent quelques changements, mais souvent on se borna à rédiger en style législatif, l'opinion de Pothier. Je suis loin de prétendre que les auteurs du Code n'aient pas conçu un système général fondement de leur œuvre, je suis seulement forcé de reconnaître que la déduction ma-

thématique des conséquences n'apparait pas toujours.
On reconnait souvent, au contraire, dans les articles
du Code, la reproduction de tel ou tel paragraphe du
Traité de la puissance du Mari.

« Le mariage, nous dit Pothier, en formant une
société, entre l'homme et la femme, dont le mari est
le chef, donne au mari, en qualité de chef de de cette
société, un droit de puissance sur la personne de la
femme, qui s'étend aussi sur ses biens. » Et plus loin :
« La puissance du mari sur la personne de la femme
consiste, par le droit naturel, dans le droit qu'a le
mari d'exiger d'elle tous les devoirs de soumission qui
sont dus à un supérieur. »

Le droit naturel est donc, au dire de notre auteur,
le fondement de l'infériorité de la femme. Le devoir
de soumission en découle, et par suite la puissance
du mari. A la place des mots, « droit naturel » nous
pourrions aisément, ce me semble, substituer l'expression « droit religieux. » Le domaine de la morale
naturelle, et celui de la morale religieuse, ont été, en
effet, très-peu distincts jusqu'à notre époque. Et cependant, même avec cette substitution, nous n'aurions
pas encore, peut-être, le fondement véritable de la
sujétion de la femme, au temps de Pothier. La religion
consacre, nous l'avons vu déjà, le devoir d'obéissance
de la femme ; mais, sans déclarer en aucune façon
celle-ci inférieure. La puissance maritale, telle qu'elle
est envisagée dans les textes qui précèdent, descend
directement, sans aucun doute, du *mundium* et de la
mainbournie adoucis, transformés, mais nullement

disparus. On voit clairement que le jurisconsulte
n'a pas osé indiquer, peut-être n'a pas osé s'avouer
à lui-même une pareille origine des droits du mari,
droits à ses yeux légitimes. Il a eu recours à de vagues préceptes de droit naturel, qui ne sont écrits
nulle part, et surtout en aucune façon dans la loi religieuse.

Du reste, et, quel que soit le principe de la puissance maritale, selon Pothier, nous devons, avec
soin, en étudier les effets, quant à la personne et
quant aux biens de la femme.

Des premiers, j'aurai peu de choses à dire. L'autorité du mari est principalement du domaine des
mœurs. Nous savons combien elle est demeurée considérable. L'esprit chevaleresque des Français a bien
bien pu les conduire à la galanterie ; mais les maris,
sans former une classe à part, ont toujours désiré être
maîtres chez eux, gouverner, régenter leurs femmes,
en conservant par devers eux l'apparence du droit.
Pothier se contente de signaler l'obligation de la femme
d'habiter avec son mari, conséquence du devoir d'obéissance, sauf la faculté laissée à la femme, par un édit
de Louis XIV, de ne pas suivre son mari émigrant à
l'étranger.

Passons immédiatement au pouvoir sur les biens,
se confondant, à mes yeux, dans cette nouvelle période,
avec le droit du mari d'autoriser sa femme à aliéner,
contracter, s'obliger, ester en justice..... N'est-ce pas
en effet à la disposition du patrimoine de la femme
que se réfère l'autorisation.

De plus, dans les législations précédentes, un seul régime de mariage était permis. Le droit de l'époux sur les biens de l'épouse, sous ce régime, devait évidemment être considéré comme une conséquence du mariage. Dans la période dont nous nous occupons, la femme peut exiger dans son contrat, la séparation de biens. Dès lors, il ne résultera nécessairement du mariage même rien autre chose que le droit d'autorisation du mari à l'égard de ces biens. Là, par suite, se bornera la puissance maritale. Nous pourrons laisser de côté les droits du mari sur les biens dotaux, sur les biens de communauté. La femme peut stipuler à son gré que nul des objets dont elle est propriétaire ne sera dotal ou commun.

Nous devons remarquer, puisque nous allons nous occuper exclusivement de l'autorisation du mari séparé de biens, que cette autorisation ne portera jamais sur des actes d'administration ou d'aliénation du mobilier. A l'égard de ceux-ci, l'épouse est absolument libre. Dumoulin va même plus loin, en vertu de ce principe que le mari n'a nul pouvoir en dehors de sa qualité de chef de la communauté; mais la jurisprudence ne le suivit pas.

« On peut, dit Pothier, définir l'autorisation du mari, qui est nécessaire à la femme, un acte par lequel le mari habilite sa femme pour quelque acte que la femme ne peut faire que dépendamment de lui..... Le besoin qu'a la femme de cette autorisation n'est pas fondé sur la faiblesse de sa raison..... La nécessité de l'autorisation du mari n'est donc fondée

que sur la puissance que le mari a sur la personne de
sa femme, qui ne permet pas à sa femme de rien faire
que dépendamment de lui. » Et plus loin : « L'autorisation du mari n'est pas requise en faveur de la
femme, mais en faveur du mari. »

La *fragilitas sexûs* romaine semble n'être ici pour
rien. Pothier s'occupe uniquement de l'autorité, de
l'intérêt du mari. Nous retrouvons toujours, comme
origine, le *mundium* germain ; mais, en réalité, son
énergie a été grandement diminuée par l'esprit du
christianisme modérateur et par le droit romain appor-
tant, en particulier, la liberté des conventions matrimoniales.

Tous les éléments de notre droit sont déjà mêlés ;
mais, il faut l'avouer, avec quelque confusion. Nous
allons nous en assurer mieux encore en étudiant, avec
Pothier pour guide, les questions suivantes : Quels
maris peuvent donner l'autorisation ? Quelles femmes
en ont besoin ? Dans quels cas cette autorisation est-
elle utile ? Comment sera-t-elle donnée ? Quels sont
ses effets ?

Tout mari, même le mari mineur, peut donner à sa
femme, même majeure, l'autorisation dont elle a besoin. L'acte ainsi autorisé sera valable à l'égard de
tous, sauf à l'égard de ce mari lui-même, dans le cas
où il en recevrait un préjudice, car les mineurs sont
toujours restituables.

Ainsi l'autorisation n'a pas pour but de protéger la
faiblesse de la femme, puisque son mari mineur est

présumé par la loi moins capable qu'elle, mais de sauvegarder les intérêts du mari.

En principe, toute femme, dans les cas que nous aurons plus tard à déterminer, a besoin de l'autorisation maritale. Cependant cette règle souffre des exceptions :

1° La femme marchande publique est absolument libre pour tous les actes de son commerce, ou plutôt on présume une autorisation générale donnée par le mari.

Remarquons toutefois que c'est là une dérogation aux principes, car, en nul autre cas, le mari ne peut donner d'autorisation générale. Il aliènerait ainsi sa puissance.

2° L'épouse dont le conjoint a perdu l'état civil est dispensée de toute autorisation. Le droit de puissance du mari est, en effet, perdu.

5° Même dispense pour la femme dont le mari passe pour mort dans le public ; car *error communis facit jus*. Les intérêts des tiers seraient lésés si cette décision n'était pas admise.

4° et 5° La femme dont on ignore ce qu'est devenu le mari, celle dont le conjoint est tombé en démence, ne peuvent évidemment obtenir l'autorisation maritale. Il y dans ces cas impossibilité matérielle, mais alors le juge viendra remplacer l'époux dans le but d'habiliter la femme.

6° Exception encore pour la femme dont le conjoint a refusé l'autorisation sans motifs raisonnables. Le

juge, dans cette hypothèse, sera également appelé
à autoriser aux lieu et place du mari. Voilà sans
doute une dérogation importante au principe de l'autorisation maritale en droit coutumier, c'est-à-dire
l'intérêt du mari. On serait tenté de l'attribuer à
l'influence romaine, favorable à l'émancipation de
l'épouse, mais nous avons déjà vu cette exception admise dans des temps très-reculés. Le bon sens seul l'a
dictée. On présume que la sagesse du magistrat sau-
vegardera suffisamment les droits du mari.

Si nous cherchons les cas dans lesquels l'autorisation maritale est nécessaire, la coutume d'Orléans,
celle qui s'en explique le mieux au dire de Pothier,
répond : « Femme mariée ne peut donner, aliéner,
disposer, ni aucunement contracter entre vifs, sans
autorité et consentement de son mari. » Nous devons
faire exception pour les actes d'administration et d'aliénation de mobilier, puisque nous nous occupons uniquement de la femme séparée de biens.

Exception est faite pour le cas où la femme aliène
dans le but de tirer son mari de prison. Nous avons
déjà parlé de la dérogation relative à la femme marchande publique.

La prohibition de s'obliger sans le consentement du
mari exprimée dans l'article 234 de la *Coutume de
Paris,* me semble contenue dans la prohibition de
contracter mentionnée plus haut. Les mêmes exceptions sont applicables dans ce cas, en y ajoutant celle
relative à la femme qui s'est obligée par ses délits ou
quasi-délits, et, en général, toutes les obligations que

la loi seule ou l'équité seule produit, sans que nul
contrat soit formé.

Enfin, nous trouvons dans la *Coutume de Paris*,
article 224 : « Femme ne peut ester en jugement sans
le consentement de son mari, si elle n'est autorisée ou
séparée par justice et ladite séparation exécutée (1). »
Il faut excepter aussi le cas d'une accusation criminelle
portée contre la femme, peut-être celui où la femme
est marchande publique. Cette prohibition est, du
reste, parfaitement conforme aux législations anciennes, Droit germain, Droit romain lui-même, dans
lequel elle découle de l'exclusion de la femme de tous
offices virils. Le Droit canonique qui ordonne l'obéissance à la femme, ne s'opposait d'ailleurs nullement à
une telle décision.

L'autorisation maritale devra être donnée en termes
exprès. Le mot « autoriser » est de rigueur. Tout au
plus, Pothier admet-il comme équivalent le terme
« *habiliter* (2). » On se croirait à Rome. Le concours
du mari dans l'acte ne suffit nullement pour faire présumer l'autorisation. Dans les actes judiciaires cependant, si l'époux est en instance, conjointement avec
son épouse, l'autorisation est présumée.

L'effet de l'autorisation maritale, comme celui de

---

(1) Remarquons toutefois que les auteurs, et, en particulier,
Pothier, § 61, étendent l'exception à la séparation contractuelle,
mais seulement en ce qui concerne les instances relatives à l'administration.

(2) Il est bon d'observer que de nombreuses coutumes sont
oin d'être aussi rigoureuses (Merlin).

l'autorisation donnée par le juge est de rendre la femme aussi capable, mais non davantage que si elle n'était pas mariée. Le danger de rescision, pour cause de minorité, par exemple, n'est pas évité. L'autorisation lève seulement l'interdiction apportée à la liberté naturelle de la femme, par la puissance du mari, dans l'intérêt de ce dernier.

Et cependant, en regard de cette décision, ne faut-il pas dire que, dans le cas de défaut d'autorisation, quand même il s'agirait d'une femme majeure, la nullité n'existe pas seulement vis à vis du mari, mais à l'égard de la femme et des tiers? On l'a vu plus haut; c'est seulement après de longues hésitations que je me suis rangé à cette manière de voir contredite par mon éminent maître, M. Chambellan, dans son cours de Droit coutumier; mais le texte de Pothier cité déjà (*Puissance du mari*, § 5), me force à admettre que dans l'ancien Droit tous peuvent attaquer le contrat; de sorte que l'incapacité de la femme mariée devient non pas semblable, mais analogue à celle de ce sénatus consulte Velléien, qui, à différentes époques, a si fort préoccupé les romanistes. La « *fragilitas sexûs,* » l'intérêt des tiers, l'intérêt public, peut-être pris ici en considération, sont des motifs absolument étrangers aux Barbares, empruntés, au contraire, au Droit romain (1).

(1) Dans tout ce qui précède, j'ai spécialement envisagé les solutions données par la *Coutume de Paris* qui forme le droit commun des pays coutumiers. Il eut été beaucoup trop long d'indiquer les décisions divergentes écrites, sur une foule de questions, dans les autres Coutumes.

Nous avons maintenant parcouru l'histoire de la
puissance maritale dans les pays coutumiers jusqu'à la
Révolution. Il me reste à dire quelques mots de la
législation suivie dans les pays de droit écrit. Ici l'influence romaine n'a jamais été absolument effacée.
Le Languedoc, la Provence, etc., étaient depuis longtemps assimilés à l'Empire romain quand les Visigoths
s'établirent au sud de la Gaule. Ces conquérants furent
pour ainsi dire absorbés par les vaincus. Alaric consa-
cra, avec de légères modifications, l'autorité de la loi
romaine. Les premiers Francs pénétrèrent à peine dans
le Midi. Sous les premiers Carlovingiens seulement, et
en particulier sous Charlemagne, la France méridio-
nale reçut l'influence de ses vainqueurs, influence
juste assez durable pour permettre à la féodalité de
s'établir et de réaliser de nouveau, en fait, l'indépendance du duché d'Aquitaine et du comté de Toulouse.

La loi romaine reçut des atteintes, mais du moins,
relativement au sujet qui nous occupe, le principe de la
dotalité persista, accompagné de la jouissance du mari
et de l'inaliénabilité, si le consentement de la femme
faisait défaut.

A un certain moment, sous diverses influences, germaine, religieuse, on put croire que la puissance maritale allait s'établir dans le Midi avec le caractère si
énergique qu'elle avait revêtu dans le Nord. L'Eglise
proclamait le devoir d'obéissance de la femme au mari.
Le système de la paraphernalité dans lequel la femme
pouvait disposer librement d'une part de ses biens,
tandis qu'elle restait, quant à sa personne, sous la

puissance absolue de son mari, ne pouvait que difficilement subsister à cette époque où le droit du plus fort régnait sans conteste. Tous les biens semblèrent un instant devoir prendre le caractère de biens dotaux. Les intérêts des deux conjoints parurent se confondre. De nombreuses chartes établissent ce fait vers le milieu du neuvième siècle : « Qu'il s'agisse de donations ou de ventes des biens de la femme ou de ceux du mari, des propres ou des acquêts, la femme n'agit jamais qu'avec le concours du mari, le mari qu'avec le concours de la femme. (M. Gide, page 433.)

Plus tard, le commerce naissant remet les provinces méridionales en contact avec les petites républiques d'Italie. C'est le moment de la renaissance du droit romain. Le système ancien reparaît. La femme, sans jouir vis-à-vis de son mari de l'indépendance des épouses romaines, sous l'Empire, reprend absolument la libre disposition de ses biens non dotaux. Et la révolution qui vient de s'opérer se perpétue jusques à la fin de la monarchie, étendant peu à peu son influence sur les provinces du Nord. De là sort la liberté des conventions matrimoniales, la faculté d'échapper au régime de communauté, et, par suite, dans un avenir prochain, l'affranchissement partiel de la femme.

Nous arrivons maintenant à une époque nouvelle. Tous les éléments historiques qui vont concourir à la formation de la législation actuelle ont passé devant nos yeux. Les droits de l'épouse ne sont pas encore aussi nettement reconnus que dans la dernière période

du Droit romain ; mais la dignité du mariage est toute
autre, peut-être même, je l'espère du moins, la société
est-elle arrivée à un tel degré de développement que
la femme puisse supporter beaucoup de liberté, sans
devenir aussitôt l'esclave de ses propres passions.

Les rédacteurs du Code n'ont pas osé cependant
arriver dans la voie de l'émancipation de la femme
aussi loin que Justinien ; mais, tout en tenant grand
compte des institutions anciennes, ils se sont efforcés
de les mettre un peu plus en accord avec les solutions
commandées par le droit naturel.

Ici, ma tentation est grande de chercher enfin, après
tous les autres, et en mettant à profit leur expérience,
quelles lois la justice et la raison conseillent d'adopter,
dans notre milieu social, pour le règlement des droits
du mari à l'égard de sa femme, dans le mariage. Je
crains bien de m'égarer dans des recherches philosophiques aussi élevées; mais j'espère en l'indulgence
de mes juges. Je serai d'ailleurs le plus bref possible.

Laisser à chacun sa liberté naturelle, en tant qu'elle
ne porte pas atteinte aux droits des autres, tel est le
devoir du législateur. Dans la société, en effet, si la
libre expansion de l'activité individuelle n'était pas
arrêtée par une force supérieure, sans cesse se pro-
duiraient des chocs, des luttes nuisibles à tous. Déterminer la juste limite entre le droit de chaque individu
et le droit des autres, tel est donc le but à poursuivre
par celui qui fait les lois. Pour y arriver, il pourra,
ce me semble, examiner simplement si l'acte soumis à
son appréciation doit porter à son auteur un avantage

égal ou supérieur au préjudice causé à l'ensemble de
tous les autres membres de la société, et, en particulier, à ceux qui ont dans cet acte un intérêt plus
direct. Et qu'on ne craigne pas de froisser ainsi cette
liberté individuelle si chaudement défendue de nos
jours. Chacun de nous n'a-t-il pas l'obligation de ne
faire aucun acte dont les conséquences directes ou in-
directes sont moins avantageuses à son auteur qu'elles
ne sont préjudiciables soit à la société en général, soit
à un ou à quelques-uns de ses membres? Le législateur froisse-t-il un droit en prohibant un acte que la
morale naturelle a déjà réprouvé?

Je le sais, il est des cas nombreux où l'évaluation
des intérêts opposés sera difficile, et, alors, le législateur devra s'abstenir. Mais quand la comparaison de
l'avantage apporté à un individu par un acte, avec le
préjudice qu'un ou plusieurs autres doivent ressentir
de la même action, donnera des résultats faciles à
apprécier, nul besoin d'aller chercher d'autres règles.

Relativement à notre matière, si un empêchement
apposé à la liberté naturelle de l'épouse doit avoir
pour conséquence probable d'éviter à la société, aux
enfants, au mari, un préjudice supérieur à l'avantage
que la femme pourrait retirer de l'acte interdit, le
législateur a édicté une bonne loi.

Supposons l'épouse entièrement libre de sa personne,
maîtresse de ses biens, quels inconvénients pourront
résulter d'un pareil état de choses?

La femme est sans cesse en contact avec son mari.
Si elle ne reconnaît en rien l'autorité de celui-ci, la

vie commune produira fatalement des froissements
continuels. Par une nécessité inévitable, ceux-ci abou-
tiront fréquemment à des séparations amiables contraires à l'indissolubilité du mariage, institution essen-
tielle à mes yeux, contraires à l'intérêt des enfants, à
la cohésion de la famille, déplorables en un mot.

Certains, il est vrai, m'arrêteraient ici. Loin de
considérer l'indissolubilité comme un caractère essentiel du mariage, ils admettraient très-aisément le divorce, afin que des engagements contractés en un jour
d'illusions, ne causent pas aux époux ou à l'un d'eux
un mal irréparable. Il serait facile, je crois, de leur
répondre, mais je n'ose, je ne veux pas entreprendre
une telle digression. Je reviens à l'exécution du plan
que je me suis proposé : déduire les conséquences pro-
bables d'une liberté absolue laissée à la femme vis à
vis de son mari.

Ne voit-on pas immédiatement les facilités bien plus
grandes données à cette femme pour manquer au devoir
de fidélité correspondant à un droit du mari, à un
droit des enfants, celui d'avoir une mère qu'ils puissent honorer, celui encore de n'avoir pas parmi eux,
venant avec eux à la succession des parents un fruit
de l'adultère? Le mari peut, il est vrai, commettre
une faute semblable, et néanmoins, nul ne parle de
restreindre sa liberté ; mais le préjudice qui en résultera pour la femme et les enfants est évidemment bien
inférieur, étant donnés du moins les principes de notre
Code sur la question de filiation.

Il me semble donc équitable d'imposer à la femme

le devoir général d'obéissance à l'égard de son mari.
Je sacrifie d'un coup sa liberté naturelle d'agir ; mais,
on l'a vu, les intérêts en jeu sont immenses. Le plus
souvent l'affection du mari rendra son pouvoir très-
supportable, et, si parfois l'homme abusait trop de sa
puissance, alors les tribunaux prononceraient une séparation. Sans en arriver à de telles extrémités, la
femme aura souvent à souffrir ; mais on doit en convenir, le mal sera bien inférieur au préjudice dont une
liberté absolue de la femme, quant à sa personne,
menacerait à la fois la société, le mari, les enfants.
Que deviendrait cette famille, où nulle autorité ne
serait établie pour présider aux intérêts communs, mo-
raux ou matériels créés par le mariage ?

La femme propriétaire est naturellement libre d'employer ses revenus en dehors des besoins du ménage,
ou encore de les dépenser maladroitement, bien que
dans l'intérêt de la famille. Mais les mêmes inconvénients existent à l'égard de l'homme, plus grands peut-
être, car l'affection de la mère pour les enfants, premiers intéressés, n'est en rien inférieure à celle du
père, et dans le règlement des dépenses d'intérieur on
peut avoir en elle une confiance au moins égale à celle
que le mari peut inspirer. Je ne vois donc pas de motifs suffisants pour priver ici la femme de ses droits.

Toutefois, si l'épouse dépensait à ses plaisirs la tota-
lité de ses revenus, elle n'accomplirait pas les devoirs
auxquels, par le mariage, elle s'est volontairement soumise : devoir d'assistance à l'égard de son époux, devoir de nourrir, élever, entretenir les enfants com-

muns. La loi peut donc légitimement lui imposer
l'obligation de verser dans la caisse conjugale une part
de ses revenus.

La question est de savoir à qui sera donnée la gestion de cette caisse commune. Si l'on me demande
lequel des deux conjoints est le plus capable de régler
les dépenses du ménage, d'intérieur, je me trouverai
dans un grand embarras. J'inclinerais peut-être à laisser la direction à la femme, douée le plus souvent d'un
esprit d'ordre et d'économie supérieur, à mon sens du
moins, à celui de son mari.

Mais, en admettant cette solution, on s'exposerait à
porter une bien grave atteinte à cette autorité générale
de l'époux sur l'épouse, dont la nécessité a déjà été
reconnue. Que tel ou tel mari laisse à sa femme la
direction de son ménage, rien de mieux ; mais je ne
puis admettre que tous les maris soient contraints à
cet acte de confiance. Ici encore la loi me semble obligée de sanctionner l'autorité maritale.

Logiquement, le droit de propriété reconnu à la
femme donnerait à celle-ci la faculté de jouir et disposer à son gré de sa fortune personnelle. Il faut se demander encore si nul obstacle considérable ne défend
au législateur de sanctionner ce droit. C'est ici, si
je ne me trompe, le moment d'étudier l'éternelle question de la *fragilitas sexûs*. La femme est-elle capable,
aussi capable que son mari d'administrer son patrimoine, d'en disposer ?

On remarquera que je laisse absolument de côté la
question de supériorité ou d'infériorité d'un sexe sur

l'autre. On va le voir, je reconnais à la généralité
des femmes des qualités que le sexe fort aurait raison
de leur envier. Je m'occupe uniquement de l'aptitude
plus ou moins grande des femmes pour certains actes
d'administration, de disposition des biens.

La femme, créée pour plaire, est un être faible de
corps, plus faible que l'homme du moins. Elle résiste-
rait difficilement aux labeurs, aux fatigues des affaires; mais elle est admirablement propre aux menus
travaux d'intérieur.

Sa sensibilité est plus vive, plus délicate que celle
de l'homme, je ne dis pas plus puissante. Cette sensibilité peut causer des entraînements, des générosités
irréfléchies, toutes d'instinct, par suite de la pitié plus
ardente que les femmes ressentent pour le malheur.

L'intelligence, la volonté de la femme peuvent avoir
des moments d'une grande énergie, mais l'étendue
dans les idées, la persistance dans les desseins, sont
plutôt le propre de l'homme. Il y aura des femmes
poètes, romanciers, même philosophes, il n'y en aura
pas de géomètres. La femme, habituée d'ailleurs par
l'éducation actuelle à être dominée, donnera rarement
ces exemples de volonté forte et persévérante qui font
la gloire de certains hommes.

La constitution physique et morale de la femme la
rend plus propre aux choses du cœur, de l'imagination,
qu'à celles nécessitant beaucoup d'intelligence et surtout beaucoup de volonté.

Notre siècle, d'ailleurs, est loin de donner au sexe
faible une éducation susceptible de favoriser ses apti-

tudes naturelles plus ou moins considérables à l'égard des choses sérieuses, des affaires. On demande à la femme de plaire à son mari, de l'aimer ainsi que les enfants communs, de prendre soin de l'éducation première de ces derniers, de tout ordonner dans l'intérieur du ménage. Elle est admirablement propre à un pareil rôle. Si on laissait au contraire en ses mains la disposition d'un patrimoine, on risquerait de voir sa fortune souvent compromise par des plans ou des entraînements irréfléchis.

Je ne prétends pas assurément, dans les lignes qui précèdent, affirmer l'incapacité de toutes les épouses. Çà et là, je le sais, se rencontrent des femmes joignant aux qualités de leur sexe une grande intelligence, une énergie, une persistance de volonté, dont un grand nombre d'hommes seraient jaloux à bon droit ; mais ces natures, il faut le reconnaître, sont exceptionnelles. Le législateur est contraint de les négliger. Elles sauront d'ailleurs le plus souvent, si une loi de nécessité sociale leur inflige certaines souffrances, échapper par mille moyens à la gêne qui leur est imposée.

Cela dit, si la femme est généralement peu capable d'administrer et de disposer de ses biens, il semblerait que tout droit doit lui être enlevé. Cependant, quant à l'administration, à la jouissance des revenus, les intérêts engagés sont minimes, l'avenir de la famille n'est pas menacé, surtout si la loi ordonne à l'épouse de mettre en commun avec son mari une certaine somme destinée à parer aux besoins du ménage. Le législateur agira donc équitablement, s'il laisse à la femme pro-

priétaire la faculté d'administrer et de jouir. Quant
au pouvoir d'aliéner, de donner, il pourrait souvent
devenir très-nuisible à l'intérêt, au droit des enfants,
auxquels la loi me semble reconnaître avec raison une
sorte de copropriété sur les biens de leurs père et mère.
Limiter le *jus abutendi* de la femme sera une œuvre
pleine de sagesse. Il ne s'agit pas évidemment de priver l'épouse de tout droit de disposition ; il ne s'agit
pas davantage de transporter ce droit à un autre qu'à
elle-même. La première solution mettrait hors du commerce la moitié de la fortune publique. La seconde
serait inique évidemment. Soumettre l'exercice du droit
de disposer de la femme à un contrôle, au contrôle du
mari, protecteur-né de son épouse et présumé d'ailleurs plus capable, sera suffisant dans la plupart des
cas, pour garantir le patrimoine de la famille, il faut
s'en tenir là. Bien plus', le mari pourrait, par incapacité ou mauvaise volonté, abuser de son autorité. Il
est tout simple d'établir le juge arbitre entre les deux
époux.

Ne voit-on pas d'ailleurs, en dehors des considérations qui précèdent, que la disposition absolue de ses
biens donnerait à la femme une indépendance contraire au devoir de soumission envers son mari, dont
nous avons reconnu la légitimité, la nécessité ?

On me dira peut-être que si le législateur peut, avec
raison, priver les incapables de certains droits ; il n'est
pas libre de déclarer en bloc l'incapacité d'une classe
d'individus quand il n'ignore nullement la capacité de
fait d'un certain nombre de ceux qu'il frappe.

On ajoutera que la femme, malgré son aptitude moindre pour les affaires, ne se trouve pas fatalement condamnée pour cela à commettre sans cesse des fautes préjudiciables à sa famille et à elle-même. On lui attribuera par suite le droit de refuser une protection gênante, dont elle n'a peut-être nul besoin.

Mais, je l'ai déjà dit, l'épouse n'est pas la seule intéressée. Elle ne peut donc renoncer librement à la protection qui lui est offerte. De plus, le système préventif est le seul qui puisse sauvegarder les intérêts des tiers. Ceux-ci, connaissant l'incapacité de l'épouse, ne traiteront avec elle que dans les formes voulues par la loi. Si la femme n'était pas, en thèse générale, déclarée incapable; si elle était seulement admise à se plaindre des lésions subies par elle, nul ne se trouverait à l'abri, nul ne traiterait en sécurité; les femmes elles-mêmes en souffriraient.

La veuve et la fille majeure, dira-t-on, peuvent disposer, et vous ne demandez nullement qu'on les replace en tutelle, comme dans la première période romaine.

Cela est vrai, mais l'épouse trouve à ses côtés un protecteur-né. Ce protecteur a droit à son obéissance, en vertu de l'intérêt social et de celui de la famille. Il représente les enfants, auxquels je n'ai pas craint d'attribuer un droit actuel sur la fortune de leur mère. Il a donc compétence et qualité pour agir, ou plutôt pour autoriser. Il serait impossible, au contraire, de donner à la veuve ou à la fille majeure un tuteur présentant les mêmes garanties, ayant les mêmes droits. La fille, de plus, ne peut compromettre que son propre patri-

moins; les mêmes motifs de la protéger n'existent pas.
Du reste, je reviendrai sur cette question.

En résumé, la liberté naturelle de la femme mariée
a été resserrée dans des bornes plus étroites qu'il ne
paraît équitable au premier abord, puisque son infériorité morale vis-à-vis de l'homme n'est nullement
prouvée. Mais l'indépendance absolue de l'épouse pourrait causer de grand maux. La gêne, résultant du
contrôle auquel certains de ses actes sont soumis, n'est
pas assurément comparable à ces maux. L'intérêt de
la société, des enfants, du mari, de la femme elle-
même est suffisant pour qu'on ne craigne pas de restreindre la liberté de l'épouse dans les limites indiquées. Nul ne peut exercer des droits qui seraient si
nuisibles à autrui.

DROIT FRANÇAIS

Section I.

Principes généraux.

Nous arrivons à l'étude de la puissance maritale sous le Code. On l'a vu, la législation actuelle me paraît en général conforme à la raison et à la justice. Parfois peut-être elle présente quelque confusion dans les détails, de sorte que des divergences graves ont pu s'élever sur le principe de l'autorisation maritale en Droit français. Les auteurs du Code n'en ont pas moins été guidés par des vues générales que je déclarerais fort sages si j'avais à les juger. Si l'œuvre est imparfaite, si quelques décisions secondaires semblent faire tache sur l'ensemble, c'est que ceux qui font les lois ont à tenir compte des traditions existantes, et la jurisprudence du dix-huitième siècle, au lieu de se baser sur la raison, n'était qu'un mélange souvent mal combiné d'institutions romaines ou germaines animées de l'esprit religieux. Le Code a laissé subsister quelques traces du désordre ancien; mais la législation de notre siècle a pris un caractère nouveau. La considération du droit de chaque époux a remplacé la suprématie traditionnelle attribuée jadis au sexe fort.

L'article 213 du Code civil est ainsi conçu : « Le mari doit protection à sa femme, la femme obéissance à son mari. » Nul ne conteste l'intérêt de la société du mari, des enfants, de la femme elle-même, que la loi a voulu sauvegarder dans cet article. Nous devons y voir aussi l'expression de la pensée du législateur, relativement à la nature de la femme. Elle est considérée comme plus faible que l'homme puisque celui-ci lui doit protection. (Portalis-Locré.)

Selon les art. 217 et 223 combinés, la femme ne pourra jamais contracter en dehors des actes d'administration, sans l'autorisation de son mari. Rien, dans ces articles, ne nous défend de voir la consécration du devoir d'obéissance de l'art. 213 et des motifs qui l'ont inspiré, intérêt de la société, de la famille, des enfants, faiblesse de la femme.

Le même art. 223, en déclarant nulle toute autorisation générale du mari pour des actes de disposition, indique bien encore que l'intérêt de la société a paru engagé, que la nécessité de l'autorisation maritale est une conséquence de l'art. 213.

La capacité supérieure du mari, aux yeux du législateur, est encore démontrée par l'art. 224. Si, en effet, cette présomption tombe par suite de la minorité du mari, le droit d'autoriser passe au juge. La comparaison avec la solution de l'ancien droit sur cette question, fait encore mieux ressortir, du reste, la pensée du législateur. Protéger la femme incapable, et non pas seulement défendre la prééminence du sexe fort. Même observation dans l'hypothèse d'un mari condamné, ayant perdu par suite ses droits civils. Dans l'ancien droit, la femme n'avait, en ce cas, besoin d'aucune autorisation. Si le Code exige l'intervention du juge, c'est que le patrimoine de l'épouse, et par suite celui de la famille lui semble menacé, c'est qu'il ne se préoccupe pas uniquement des intérêts du mari.

Et, d'ailleurs, l'art. 225 n'est-il pas formel en ce sens. La femme, ses héritiers pourront dans tous les cas, et même malgré le mari, se prévaloir du défaut d'autorisation.

Au contraire, les tiers ne sont plus admis aujourd'hui à invoquer la nullité, d'où l'on peut conclure évidemment que le Code repousse toute idée d'un système d'incapacité organisé contre la femme.

Enfin, tout en portant la main sur certaines des libertés naturelles de l'épouse, la législation contemporaine prend soin de ne lui refuser tel ou tel droit que dans la mesure où l'exercice de ce droit pourrait présenter un danger. L'art. 219 reconnaît que l'autorisation du juge pour passer un acte pourra toujours remplacer celle du mari. Nouvelle preuve que l'intérêt de ce mari n'est pas le seul pris en considération.

Ainsi, nous avons vu successivement apparaître, dans les articles précités, les motifs que la raison nous indiquait comme le fondement de la puissance maritale : intérêt de la société, du mari, des enfants, à l'union des familles, à la fidélité conjugale. Nous avons vu que ces mêmes motifs servent de base à la nécessité d'autorisation, conséquence nécessaire de l'autorité du mari. Et en même temps, le droit de contrôle de l'époux trouve encore sa justification dans l'intérêt de l'épouse, des enfants à la conservation du patrimoine, dans la faiblesse de la femme qui mettait ce patrimoine en danger.

Ce système néanmoins n'est pas universellement adopté. Les objections suivantes sont proposées : 1° La loi ne croit pas à cette faiblesse dont vous parlez, puisque la fille majeure ou la veuve peuvent disposer de tous leurs biens.

D'abord, en présence des raisons données déjà, mes adversaires ne pourraient jamais établir qu'une inconséquence du législateur. A mes yeux, cette inconséquence elle-même n'existe pas.

Et, en effet, quels intérêts compromet la fille, par exemple, en aliénant imprudemment ses immeubles? Son patrimoine seul est en jeu. Nul n'a de droit sur lui. Il n'existe pas ici un mari, des enfants qu'une indépendance excessive de la femme expose à la désunion dans la famille, à toutes les conséquences de l'infidélité, à la dissipation du patrimoine en quelque sorte commun. Il n'y a certainement pas dans les deux situations égalité de motifs.

D'un autre côté, si on édictait une incapacité générale de disposer, les intérêts économiques de la société
seraient froissés; la protection organisée en faveur de
la fille tournerait souvent contre elle. Soumettre celle-ci
à l'autorisation du juge nécessiterait à chaque instant
des frais considérables. Parmi ses parents, on trouverait difficilement un tuteur dont l'autorité serait
tempérée par une affection égale à celle du mari, à
moins que, par indifférence, il ne laissât la tutelle
devenir illusoire. De plus encore, je n'ai jamais soutenu l'incapacité absolue de la femme pour la gestion
de ses biens; je lui ai attribué seulement une capacité
inférieure à celle de son mari.

En même temps que les deux situations ne commandent pas également d'apposer des restrictions à la
liberté naturelle de la femme, ces restrictions, quant
à la fille seraient beaucoup plus dures. Le législateur
a donc pu sans inconséquence donner dans les deux
cas des solutions dissemblables.

2° L'inexpérience de la femme n'a pu être prise en
considération puisque l'épouse, marchande publique,
peut s'obliger sans autorisation.

Mais cette épouse n'a-t-elle pas reçu à l'avance une
autorisation générale de faire le commerce. Le mari
n'était-il pas libre de la refuser? Qui l'empêche de la
retirer. La loi n'a pas présumé la capacité de toutes les
femmes pour faire le commerce. Elle a laissé, au contraire, le mari juge avec pouvoir de se rétracter.

3° Dans une opinion, la femme peut en général
contracter avec son époux, sans autre autorisation que

celle de ce dernier. Si, dit-on, la puissance maritale
était une sorte de tutelle organisée dans l'intérêt de la
femme, la maxime : *Nemo potest esse auctor in rem
suam* serait applicable, et le Code aurait expressément
défendu tout contrat entre mari et femme, comme
entre pupille et tuteur ; il aurait du moins soumis de
telles conventions à des formes spéciales. Il n'en est
pas ainsi, la puissance maritale est donc organisée
uniquement dans l'intérêt du mari.

Heureusement l'art. 225 vient nettement contredire
des affirmations dont la réfutation directe me semble
dès lors inutile. La femme peut opposer la nullité
résultant du défaut d'autorisation. La loi veut donc la
protéger contre elle-même.

Nulle comparaison ne peut être établie entre notre
hypothèse et celle d'une tutelle. Les intérêts de la
femme ne sont pas toujours suffisamment sauvegardés
peut-être ; mais on ne peut induire de là que le législateur n'a tenu aucun compte de la *fragilitas sexus*.

4° La femme peut administrer ses paraphernaux.
Pourquoi la loi ne la protège-t-elle pas aussi dans ce
cas ?

La réponse est simple : c'est que les intérêts engagés n'ont pas paru suffisants au législateur.

5° Les héritiers du mari, aux termes de l'art. 255,
ont le droit d'attaquer les actes de la femme. La puissance maritale est donc organisée dans l'intérêt pécuniaire du mari, pris individuellement.

D'abord, s'il existe des enfants, et c'est le cas ordinaire, celui pour lequel la loi a été faite, cette objection

ne m'atteint pas. Elle confirme, au contraire, le système que je défends. Elle a un certain poids dans le
cas où le mariage a été stérile. Mais peut-être pourrait-on dire que les rédacteurs du Code, en ne distin-
guant pas, ont suivi, un peu légèrement peut-être, la
tradition ancienne. Habitués à donner aux ayant-cause
d'un individu les mêmes droits qu'à cet individu, ils
n'ont pas songé que le droit d'invoquer la nullité est
accordé au mari, non dans son propre intérêt, mais
comme représentant naturel de la famille et en particulier des enfants (Valette sur Proudhon).

Nous sommes d'ailleurs en présence d'une décison
se référant à une hypothèse exceptionnelle, elle ne
peut indiquer l'esprit de la législation.

Le fondement de la puissance maritale nous est
maintenant connu. Je vais étudier en particulier chacune des dispositions de la loi. Et sans cesse, dans le
cours de ce travail, nous verrons se confirmer les principes sur lesquels le législateur a fait reposer, selon
moi, le pouvoir du mari. Ces principes me serviront
d'ailleurs à résoudre les questions particulières qui
n'auraient pas été directement prévues par la loi.

SECTION II.

Pouvoirs généraux du mari sur les actes de sa femme.

Je m'occuperai d'abord de l'étendue et des conséquences du devoir d'obéissance imposé à la femme à

9

l'égard de son mari, dès la célébration du mariage par l'officier de l'état civil. J'étudierai ensuite en particulier l'autorisation maritale. Ainsi apparaîtront successivement les droits du mari sur la personne et sur les biens de la femme.

L'épouse doit obéissance à son époux, mais une obéissance raisonnable. Elle ne peut être assujétie à subir sans murmures tous les caprices du mari. De même que nous verrons l'autorisation maritale, quant aux actes de disposition des biens, subordonnée au contrôle de la justice, je ne serais pas éloigné, avec MM. Aubry et Rau, d'admettre une restriction semblable au devoir d'obéissance de l'épouse. Je conviens cependant que le Code n'a pas pris soin d'établir cette restriction, que, de plus, l'analogie n'est pas parfaite entre les deux situations. Le juge peut plus aisément apprécier les intérêts engagés dans un acte de dispositions des biens, que dans un ordre du mari, provoqué peut-être par des intérêts de famille difficiles à divulguer. Je crois même que la véritable pensée de la loi réside dans une distinction à établir entre les diverses hypothèses qui peuvent se présenter. Ainsi, toutes les fois que le mari n'accomplira pas le devoir de protection corrélatif au devoir d'obéissance de la femme, les juges pourront s'interposer, mais toujours avec une extrême réserve. Nous allons parcourir certains cas susceptibles de donner lieu à des difficultés. Nous arriverons ainsi à une juste délimitation de l'étendue du devoir d'obéissance imposé à l'épouse.

Si le mari se permet d'ouvrir la correspondance de

la femme, les tribunaux ne me semblent pas être libres de lui refuser ce droit. C'est là une atteinte grave portée à la liberté individuelle. Un moraliste conseillera au mari d'user d'un tel droit le moins possible, ou mieux de n'en pas user du tout. Mais je crois rester dans l'esprit du Code en disant que le but du mariage a été d'établir entre les deux époux le lien le plus intime, que, parfois peut-être le mari n'aura pas d'autre moyen d'empêcher une atteinte à l'intérêt supérieur attaché à la fidélité de la femme. Il resterait, il est vrai, à prouver l'efficacité de cette intervention du mari dans la vie privée de son épouse, et pour ma part, je laisse cette tâche à d'autres.

Aux termes des art. 1448, 1537 et 1575, la femme qui a la libre disposition de ses biens, en l'absence de conventions matrimoniales à ce sujet, devra contribuer pour un tiers de ses revenus libres aux charges du ménage. Si l'épouse conservait entre ses mains ce tiers de ses revenus, le mari pourrait se trouver dans un état de dépendance absolument contraire à l'autorité qui lui est conférée par l'art. 213. Il paraît donc naturel que la somme fixée par la loi soit remise au mari. Et, cependant, la femme peut se trouver en fait aussi apte que son époux à régler les menues dépenses d'intérieur. Le mari peut être un dissipateur. Faudra-t-il en ce cas laisser aux tribunaux le droit d'autoriser la femme à garder ses revenus et à les dépenser dans l'intérêt commun. Je n'ose accepter l'affirmative. Ce serait là, dans le ménage, une cause de désunion. Ma solution est dure pour la femme; mais une forte constitution de la famille, n'est-elle pas au premier rang des intérêts sociaux.

Le devoir d'obéissance entraîne une nouvelle conséquence formellement exprimée dans l'art. 214 du Code civil : « La femme est obligée d'habiter avec le mari, et de le suivre partout où il juge à propos de résider..... »

Il s'agit ici évidemment d'une habitation effective, non de la détermination du domicile légal contenue dans l'art. 108.

Dans l'ancien droit, la femme n'était pas tenue de suivre son conjoint à l'étranger. Le Code dit : « Partout où le mari juge à propos de résider..... » La solution de l'ancienne jurisprudence est donc abrogée.

Le Code n'a exprimé nulle exception au principe de l'art. 214. Nous savons cependant que la pensée du législateur n'a jamais été d'établir contre la femme une tyrannie déraisonnable. De là naissent les questions suivantes.

Si la santé de l'épouse s'oppose à ce qu'elle vienne résider là où l'appellent les ordres du mari, il me semblerait inique d'imposer une pareille obligation à la malade. La vie des individus est le premier de tous les intérêts dont le législateur ait à tenir compte.

Même solution si le mari veut imposer à la femme une habitation peu convenable ou décente. L'art. 214 ne dit-il pas que l'époux doit fournir à l'épouse, dans l'habitation où il la reçoit, tout ce qui est nécessaire aux besoins de la vie, selon ses facultés et son état?

Les besoins de la vie morale, si je puis m'exprimer

ainsi, doivent être tout aussi bien satisfaits que les besoins de la vie matérielle.

Si le mari a maltraité sa femme ; si cette femme ne
demande pas la séparation de corps, devra-t-on employer, pour lui faire réintégrer le domicile conjugal,
les moyens ordinaires que la loi offre au mari? Non, à
mon avis, du moins pendant un certain délai. La
femme, en effet, a droit à ne pas être maltraitée. Les
mauvais traitements passés donnent pour l'avenir de
justes sujets de crainte. Si la femme se croit en danger, elle peut, il est vrai, demander la séparation. Mais
il est possible qu'elle juge son mari en proie à une
exaltation passagère, il est possible que son affection
l'empêche de vouloir rompre le lien sacré du mariage.
Des sentiments si honorables doivent être respectés.
Nous sommes de plus dans un ordre de dispositions
que l'équité domine. Après très-sérieuse vérification
des faits, dans cette hypothèse comme dans les deux
précédentes, je ne puis refuser au juge le droit d'accorder un délai avant l'emploi des moyens de contrainte, dont nous aurons à nous occuper plus tard.

Si, après le mariage civil, le mari a refusé, malgré
une promesse antérieure, de se prêter à la solennité du
mariage religieux, pourra-t-il néanmoins contraindre
la femme à venir cohabiter avec lui. A première vue
on se dit : le mari a rompu des engagements sacrés,
mais ce fait n'est pas une cause de dissolution du mariage, ne peut même en diminuer les effets. La loi se
préoccupe uniquement de la solennité présidée par
l'officier de l'état civil. Et cependant, admettre une

telle décision dans toute sa rigueur, n'est-ce pas imposer à la femme une situation qui froisse sa conscience.
Celle-ci est un patrimoine que nul n'a le droit d'enlever à un être humain, patrimoine aussi précieux certainement que la santé et la vie. On prétendra, il est
vrai, que la conscience de la femme est dégagée par sa
bonne volonté. Personnellement, j'admettrais cette
manière de voir, mais je comprends les scrupules. Et
d'ailleurs quels intérêts sont ici en jeu? Il n'y a pas
d'enfants. Le mari seul peut se plaindre. Or, n'est-il
pas libre de faire cesser l'obstacle? S'il ne croit pas à
l'efficacité de l'acte religieux, que lui importe de s'y
prêter. D'ailleurs il a rompu un engagement, il n'a
que de très-faibles droits à la protection de la loi. On
ne peut annuler le mariage. Il serait difficile de prononcer une séparation. Le juge pourra, ce me semble,
ne pas permettre l'emploi des moyens de contrainte
nécessaires pour imposer la cohabitation à la femme.

Voyons maintenant quels sont, en général, ces
moyens de contrainte.

Dans la discussion du Code, le Conseil d'État a reconnu que la solution des difficultés possibles, à cet
égard, doit être abandonnée aux mœurs et aux circonstances. Décision éminemment sage, car le législateur ne pouvait guère apprécier à l'avance les mille
situations diverses susceptibles de se présenter dans la
vie commune. Néanmoins, il eût pu, tout en laissant
le choix au juge, énumérer les moyens de contrainte
à employer, sur la demande du mari, suivant les circonstances; exclure du moins ceux qui lui paraissaient

excessifs, impropres à atteindre le but de la loi, ou
contraires à l'intérêt des tiers, et, en particulier, à celui
des enfants. Il n'a pas été fait ainsi. Le soin de poser
des distinctions a été laissé à la jurisprudence. Je vais
essayer de donner quelques règles.

Souvenons-nous que les moyens mis entre les mains
des créanciers ordinaires peuvent souvent être impropres, lorsqu'il s'agit d'obtenir l'exécution d'une dette
toute morale. Souvenons-nous qu'on doit écarter toutes
les voies contraires à l'intérêt public, que néanmoins
le droit du mari doit être énergiquement protégé.

1° Pourrait-on déclarer la femme déchue de sa dot,
du bénéfice de ses conventions matrimoniales, de ses
gains nuptiaux?

Non, assurément. L'ancienne jurisprudence elle-
même n'osait aller jusque-là. Un moment d'humeur
ne saurait entraîner des conséquences aussi graves
pour l'avenir de la femme. Au profit de qui, d'ailleurs, cette déchéance? Au profit du mari, sans doute.
Mais ne serait-ce pas risquer de le pousser à provo-
quer lui-même par de mauvais traitements la désobéissance de sa femme? Quel droit d'ailleurs ce mari
a-t-il reçu de la loi? aucun. Comment, du reste, dé-
pouillerait-on la femme de son droit de propriété,
sans y être autorisé par un article spécial du Code.

2° N'y a-t-il pas, dans le refus de la femme de résider
avec son mari, un motif suffisant de séparation de
corps?

L'abandon de l'un des époux par l'autre avait été
considéré comme une cause de divorce par la loi de

1792, et de même par le projet du Code. Cette disposition a été supprimée dans la rédaction définitive. La pensée du législateur est donc manifeste. D'ailleurs, ne serait-ce pas là une source facile de séparations par consentement mutuel, très-nuisibles à l'intérêt public et à l'intérêt des enfants. Ne voit-on pas encore, qu'en admettant l'affirmative, au lieu de faire cesser l'abandon, on lui donnerait la consécration légale. Enfin, il n'est nulle cause de séparation en dehors de celles prévues par la loi. Le juge qui motiverait sa décision sur l'abandon, s'exposerait non-seulement à l'appel, mais encore au recours en cassation.

3° Refusera-t-on à la femme absente du domicile conjugal, contre la volonté de son mari, le bénéfice de la séparation de biens, au cas de dilapidation par ce mari. Je suis porté à admettre la négative, car l'intérêt des enfants est engagé, et, d'ailleurs, je redoute l'emploi de tout moyen de coercition susceptible de devenir pour le mari une source de bénéfices.

4° Le mari pourra-t-il refuser des aliments à sa femme dans le besoin? Ce moyen est encore bien dur. Cependant, c'est là une souffrance temporaire destinée à punir un moment d'égarement. Il y a dans le Code une corrélation intime entre le devoir de protection du mari et le devoir d'obéissance de la femme. Enfin, si le départ de celle-ci a été provoqué par de mauvais traitements, l'épouse aura toujours la ressource de demander la séparation de corps. Il n'y a pas là, d'ailleurs, de bénéfices considérables pour le mari. J'admettrai donc ce moyen de contrainte, reconnaissant néanmoins tout ce qu'il a de dur, et, en outre, sa très-rare application.

5° Je ne repousserai pas non plus la saisie, au moins partielle des revenus, dont la femme possède la jouissance par l'effet de ses conventions matrimoniales, à la condition toutefois, que ces revenus ne soient pas attribués au mari, mais au contraire placés en séquestre. Ainsi l'épouse subira une punition temporaire, sans profit pour son époux. Rien ne s'oppose à l'emploi de ce moyen de coercition. Je repousserais au contraire la saisie au profit du mari. On a déjà vu mes raisons.

6° Aura-t-on recours à la *manus militaris?*

La doctrine et la jurisprudence sont très-divisées sur cette question. Je me rangerai du côté des partisans de la négative.

L'article 2063 du Code civil défend aux juges de prononcer la contrainte par corps, en dehors des cas spécialement prévus par la loi. D'ailleurs, en admettant, par impossible, que la lettre de l'art. 2063 ne soit pas applicable dans l'hypothèse actuelle, ne pourrais-je pas invoquer son esprit? La liberté individuelle n'est-elle pas une des plus précieuses conquêtes des temps modernes. Ne suis-je pas en droit de demander un texte formel, avant d'acquiescer à la violation d'un des principes fondamentaux de notre législation? J'ai reconnu au mari le droit de faire mettre en séquestre les revenus de sa femme ou de lui refuser des aliments. Ce sont là des concessions suffisantes à l'autorité maritale. Si ces moyens échouaient, on n'est guère en droit d'espérer de bons résultats de l'emploi de la force. La saisie des revenus a d'autant plus d'efficacité qu'elle se prolonge comme la désobéissance de l'épouse, qu'elle donne à celle-ci le temps de la réflexion. Si les choses en sont au point que la femme ainsi sollicitée reste sourde à la voix du devoir, que peut-on espérer? L'intérêt de la famille, des enfants doivent être avant tout sauvegardés. L'union, la concorde dans les ménages sont les premiers biens; mais, après l'emploi de la force, se figure-t-on que la paix, la tranquillité vont rentrer immédiatement au foyer.

Mais, dira-t-on, en certains cas, la loi va donc rester impuissante, l'art. 214 sera violé? Assurément, et c'est un mal. Mais ce mal possible n'a pas échappé au législateur. Il savait qu'on n'admettrait pas, qu'on discuterait au moins, dans notre hypothèse, l'emploi de la force publique, si lui-même n'imposait pas cette sanction de ses prescriptions (naturellement, en réservant l'appréciation du juge). Une pareille question est de celles qu'un législateur ne peut laisser de côté par pure négligence. S'il ne s'est pas expliqué, c'est qu'il n'a pas voulu le faire. Le droit commun, c'est-à-dire l'inviolabilité de la liberté individuelle subsiste. De plus, la loi n'ordonne-t-elle pas à chacun l'exécution de ses engagements, à un artiste, par exemple, l'exécution du travail qu'il s'est engagé à livrer; et, néanmoins, quelqu'un osera-t-il dire que, de peur de laisser la loi impuissante, il faudra autoriser contre cet artiste l'emploi de la force publique. Si la sanction apposée par la législation elle-même à l'inobservation de ses

commandements est insuffisante, ce n'est pas une raison pour inventer de nouveaux moyens de contrainte,
de plus en plus rigoureux, jusqu'à ce que force reste
à la loi.

Les partisans de l'affirmative, doutant malgré eux,
et avec grande raison, de l'efficacité de l'emploi de la
manus militaris, quand cet emploi a été réalisé, par-
leront peut-être de son effet préventif. C'est là, du
reste, à mon sens, le seul argument sérieux invoqué
dans cette opinion ; mais alors pourquoi n'admet-
traient-ils pas que, pour empêcher le vol, par exemple,
il faut menacer de mort les voleurs. De ce jour, certainement, ces derniers auraient à peu près cessé
d'exister : seulement, on risquerait beaucoup de constater un nombre double d'assassinats suivis de vol. Le
législateur doit toujours prendre soin de proportionner
les peines aux fautes, au mal commis. Si lui-même ne
s'est pas reconnu le droit de laisser formellement à la
discrétion du juge l'emploi de la force publique, la
jurisprudence peut-elle s'attribuer une autorité plus
grande ?

Le bon sens public, réprouvant de pareils moyens,
fait d'ailleurs justice de l'opinion de mes adversaires.
Ils sont rares, les maris ne reconnaissant pas qu'une
femme, reconquise au moyen des gendarmes, n'est
plus une épouse.

Puisque je repousse l'emploi de la *manus militaris,*
je n'ai pas à m'occuper de la procédure à intervenir,
pour sa mise à exécution.

L'art. 214 porte encore : « Le mari est obligé de la

recevoir (sa femme) et de lui fournir tout ce qui est
nécessaire pour les besoins de la vie, selon ses facultés
et son état. » J'ai déjà mentionné cette disposition
comme corrélative de l'obligation imposée à la femme
de résider avec son époux. Je n'ai pas à m'en occuper
davantage : les devoirs du mari sont en dehors de
mon sujet.

SECTION III

Pouvoirs spéciaux du mari relativement à certains actes de la femme, ou mieux, de l'autorisation maritale.

Jusqu'ici, j'ai envisagé seulement le devoir général de l'épouse d'exécuter les ordres de son mari, de
s'abstenir de ce qu'il défend ; cette règle entendue
de façon à empêcher le pouvoir marital de se transformer en tyrannie. Je vais m'occuper actuellement de
certains actes interdits à la femme, non-seulement si
son mari les réprouve, mais encore s'il ne leur a pas
donné son approbation expresse, à moins qu'un refus
déraisonnable d'adhésion de la part de ce mari, n'ait
été suppléé par l'autorisation du juge.

Successivement, je vais examiner : 1° quand commence et finit la nécessité d'autorisation ; 2° quels sont
les actes pour lesquels une autorisation est nécessaire ;
3° par qui, de quelle manière elle doit être accordée ;
4° quels sont les effets de l'autorisation ou du défaut
d'autorisation.

ART. 1ᵉʳ. — *Quand commence et finit la nécessité*
d'autorisation ?

La nécessité d'autorisation commence avec le mariage et finit avec lui. La séparation judiciaire de corps
ou de biens n'exerce aucune influence. Dans l'hypothèse de cette dernière, le Code s'en est formellement
expliqué, et, quant à la première, nulle exception
n'ayant été faite au principe général, celui-ci conserve
toute sa force.

ART. 2. — *Quels sont les actes pour lesquels une*
autorisation est nécessaire?

Je distinguerai d'abord les actes judiciaires et les
actes extrajudiciaires.

L'art. 215 est ainsi conçu : « La femme ne peut
ester en jugement sans l'autorisation de son mari,
quand même elle serait marchande publique ou non
commune ou séparée de biens. »

J'ai déjà indiqué les motifs généraux de l'autorisation maritale. Dans l'espèce, le fait de se présenter en
justice, de s'exposer par suite à des frais considérables,
présente, en général, un danger sérieux, car rarement
la femme est assez expérimentée pour apprécier la
valeur de ses droits litigieux. Il pourra bien se produire des cas où la loi paraîtra rigoureuse, par exem-

ple s'il s'agit d'instances relatives à l'administration, à la jouissance des paraphernaux laissés à l'épouse. On sera tenté de se demander alors si le vieux principe romain : « Exclusion de la femme des offices virils, » n'a pas influé trop fortement sur les rédacteurs du Code. Mais, qu'importe! la loi, bonne ou mauvaise, est formelle et ne distingue pas.

La règle qu'elle pose est si rigoureuse que, même au cas où la femme serait poursuivie en interdiction, quelque sacré que soit dans une telle hypothèse le droit de se défendre, l'adhésion du mari est requise.

Ainsi encore, si la femme demandait l'interdiction de son mari (ce droit lui est accordé par la loi même, art. 490). Dans l'espèce, de grands intérêts sont en jeu : l'art. 215 ou mieux l'art. 218 est applicable. Ce dernier cependant s'exprime ainsi : « Si le mari refuse d'autoriser... » Une demande préalable d'autorisation adressée au mari est donc nécessaire. Mais c'est là seulement dans l'espèce une pure formalité dont je serais fort tenté de dispenser l'épouse. Sous prétexte de se conformer à la lettre de la loi, il ne faut pas arriver à l'absurde.

La femme est néanmoins dispensée par le Code de Procédure de demander l'autorisation maritale, si elle veut intenter une demande en séparation de corps ou de biens. Il sera suppléé à l'autorisation par une ordonnance du président du tribunal, rendue sur requête librement présentée par la femme. (Art. 865, 875, 878, C. Proc. civ.). Mais on étendrait difficilement cette disposition à l'hypothèse précédente.

Qu'arrivera-t-il dans le cas d'une demande en nullité de mariage intentée par la femme contre son mari?
Si les deux conjoints sont d'accord, l'obligation de se
faire autoriser imposée à l'épouse n'aura aucune efficacité. Elle pourrait même trop aisément couvrir un
divorce par consentement mutuel. Au contraire, si le
mari a l'intention de se défendre, l'autorisation ne
sera jamais accordée. Pourquoi exiger sans utilité une
procédure si délicate? De plus, le pouvoir du mari
n'est-il pas en question, aussi bien que le mariage?
La femme se prétend en dehors de tout lien. Comment exiger d'elle une demande en autorisation, qui
implique reconnaissance des droits du mari? Qu'importe, dira-t-on, jusqu'à l'annulation le mariage existe.
Non pas le mariage, répondrai-je, mais seulement les
apparences du mariage. Le magistrat n'est pas appelé
à briser le lien conjugal pour un fait postérieur à son
existence. Sa mission est de reconnaître la nullité primitive. De plus, l'hypothèse actuelle présente une
analogie frappante avec celle d'une demande en séparation intentée par l'épouse. J'accorderai, si l'on veut,
bien qu'avec peine, que l'autorisation de justice soit
requise, mais en aucune façon celle du mari.

Si dans l'instance doivent être débattus des intérêts
relatifs au commerce d'une femme marchande publique, nulle exception ne doit être faite à la nécessité
de l'autorisation maritale. Ne pourrait-on pas voir
dans cette disposition une inconséquence du législateur? Si la femme est capable de faire le commerce,
comment ne le serait-elle pas de soutenir les procès

qui en sont la conséquence nécessaire et assez fréquente? Comment le mari étranger aux opérations
de son épouse pourra-t-il être bon juge? Pour les actes
ordinaires de la femme marchande publique, il est
vrai, la loi a reculé seulement devant une impossibilité : le mari ne pouvait être astreint à donner quotidiennement des autorisations. Ester en justice est un
fait plus rare; la prescription de la loi pouvait être plus
aisément réalisée. Du reste, le Code n'a fait que suivre,
en cette matière, le droit commun de nos anciens pays
coutumiers.

Même absence de distinction dans le Code, quant aux
instances relatives à l'administration des paraphernaux
de la femme séparée. Mêmes objections possibles, à
mes yeux, contre la nécessité de l'autorisation, d'autant plus fortes que les intérêts engagés sont moin-
dres. Sans doute, le législateur s'est laissé guider par
la théorie romaine de l'exclusion des offices virils.

Peu importe d'ailleurs la juridiction devant laquelle
l'instance doit être portée. Devant les tribunaux civils,
de commerce, administratifs, devant les juges de paix
eux-mêmes, et, bien qu'il s'agisse d'actions posses-
soires ou du préliminaire de conciliation, la femme
doit se présenter munie d'autorisation; celle-ci doit être
renouvelée devant chaque degré de juridiction et même
devant la cour de cassation.

Une exception cependant est formulée dans l'article 216 au principe général de l'art. 215 (je veux
parler des instances portées devant les tribunaux cri-
minels) : « L'autorisation du mari n'est pas nécessaire

lorsque la femme est poursuivie en matière criminelle ou de police. » Si la femme était, au contraire, poursuivante, la règle ordinaire serait applicable. Nulle distinction, soit que la partie civile agisse seule, ou conjointement avec le ministère public.

Si la femme est défenderesse devant un tribunal de justice répressive, nulle entrave ne doit être apportée à la poursuite d'un fait délictueux, nulle entrave non plus à la défense. L'intérêt de la société est préféré à celui du mari et même de la famille. D'ailleurs, le ministère public, protecteur-né des incapables, est toujours entendu.

Si un fait susceptible de motiver des peines criminelles était porté devant les tribunaux civils, sous forme d'actions en dommages intérêts, en vertu de l'art. 1382, la criminalité de l'acte n'étant plus en question, l'exception de l'art. 216 sera écartée, l'autorisation maritale toujours nécessaire.

Si larges toutefois que soient les expressions *ester en jugement* de l'art. 215, on ne peut étendre leur signification aux actes conservatoires. Malgré l'intervention des officiers ministériels, nul jugement n'est provoqué et rendu. D'ailleurs, les actes conservatoires n'engagent en rien le patrimoine. Le droit de les faire est comme un corollaire du droit d'administrer.

Réciproquement, les tiers peuvent faire les mêmes actes conservatoires contre la femme non autorisée. Aux termes de l'art. 2208, ils peuvent même, à la condition de mettre en cause le mari et la femme, poursuivre l'exécution des titres qui sont en leurs

mains. Dans ce cas, nulle autorisation expresse ne
sera requise. Si le mari ne refuse pas de procéder, il
est partie dans l'instance, l'épouse est capable. S'il
déclarait au contraire ne pas vouloir intervenir, l'autorisation de justice serait nécessaire.

La qualité de demanderesse ou de défenderesse n'est
pas à considérer lorsqu'on recherche si la femme a
besoin d'autorisation. Il a même été jugé que, si une
action est dirigée contre la femme et le mari, celui-ci
n'étant pas pris en son nom personnel, il faut, pour
la validité des poursuites, une autorisation expresse
de ce mari, ou, à défaut, de justice.

On ne doit pas distinguer non plus quel doit être
en justice l'adversaire de la femme. Fût-ce son mari,
l'autorisation est nécessaire. Si ce mari est demandeur,
l'autorisation résultera de l'assignation envoyée par
lui; s'il est défendeur, une autorisation expresse sera
requise. Peut-être cependant pourrait-on présumer le
consentement de l'époux, si celui-ci répondait à l'action de sa femme en constituant avoué, et en se présentant ensuite devant les tribunaux. D'ailleurs, en
pareille circonstance, quel contrôle sérieux le mari
peut-il exercer sur les actes de sa femme. Augmenter
encore par l'interprétation les rigueurs de la loi, c'est
faire preuve d'un esprit formaliste, qui n'est pas en
général celui de notre droit.

Passons à l'étude des cas dans lesquels la femme
ne peut accomplir sans autorisation des actes extra-
judiciaires.

Dès l'abord, puisque cette étude porte exclusive-

ment sur la puissance maritale, j'écarte tout ce qu
concerne la disposition ou l'administration de biens
autres que des paraphernaux, La femme peut toujours,
en effet, donner à tout son patrimoine le caractère de
paraphernal, en stipulant simplement dans son contrat de mariage la séparation de biens. Dès lors, les
pouvoirs dont jouit le mari sur les biens de son épouse,
dans les autres régimes matrimoniaux, ne nous intéressent nullement. Ils ne résultent pas du mariage,
mais de conventions libres.

Je m'occupe donc uniquement des relations entre
époux séparés de biens. D'ailleurs, je prendrai soin,
dès maintenant, de repousser toute distinction de principe entre la séparation contractuelle et la séparation
judiciaire. Si la loi avait entendu organiser deux systèmes différents, elle s'en serait expliquée. On oppose
d'un côté, les art. 217, 1536 et 1576, aux termes desquels la femme séparée par contrat ne peut aliéner,
mais conserve au contraire l'entière administration de
ses biens, meubles et immeubles; et, d'un autre côté,
l'art. 1449, selon lequel l'épouse séparée de biens
judiciairement reprend la libre administration de ses
biens, peut disposer de son mobilier et l'aliéner. La
réponse est toute simple; la faculté de disposer du
mobilier est une suite du droit d'administrer, et, pour
preuve, l'art. 1538 relatif à la séparation contractuelle,
dit : « Dans aucun cas, ni à la faveur d'aucune stipulation, la femme ne peut aliéner *ses immeubles* sans
le consentement spécial de son mari, ou, à son refus,
sans être autorisée par justice..... » Nos adversaires

sont obligés de convenir que si le droit de disposer du
mobilier ne découle pas de la séparation contractuelle, une stipulation peut conserver ce droit à la
femme. Mais alors, et sans m'arrêter à ce qu'une
telle interprétation peut avoir de contestable, au point
de vue de la nécessité d'une stipulation, la défense
d'aliéner le mobilier sans autorisation n'est pas une
conséquence de la puissance maritale; celle-ci, en
effet, est d'ordre public et ne peut être modifiée par
des conventions particulières.

De plus, que deviennent les art. 217, 1536, 1576,
si on ne considère pas le droit d'aliéner comme une
conséquence du droit d'administrer. Si ces articles ne
sont pas en contradiction avec l'art. 1449, comme
s'appliquant à des hypothèses différentes, séparation
contractuelle et séparation judiciaire, comment les
concilier avec l'art. 1538. Peut-être, en disant que
selon ce dernier texte une stipulation est nécessaire
pour que le mobilier puisse être aliéné; mais les articles 217 et 223 combinés, sont contraires à toute
convention de ce genre, et dès lors la stipulation dont
parle l'art. 1538 ne peut se référer qu'à l'aliénation de
tel ou tel immeuble. L'explication donnée est donc
inadmissible. Le seul moyen de concilier tous les textes
précités est de considérer l'aliénation du mobilier
comme un acte de large administration laissé à l'épouse
agissant en toute liberté, soit dans l'hypothèse d'une
séparation contractuelle, soit au cas d'une séparation
judiciaire. L'argument de mes adversaires se retourne
contre eux.

Nous restons maintenant en présence de l'art 217 : « La femme, même non commune ou séparée de biens, ne peut donner, aliéner, hypothéquer, acquérir, à titre gratuit ou onéreux, sans le concours du mari dans l'acte ou son consentement par écrit. » L'art. 223 ajoute : « Toute autorisation générale, même stipulée par contrat de mariage, n'est valable que quant à l'administration des biens de la femme. » Nous trouvons en outre dans l'art. 1449 : « La femme séparée soit de corps et de biens, soit de biens seulement, en reprend la libre administration. Elle peut disposer de son mobilier. Elle ne peut aliéner ses immeubles sans le consentement de son mari, ou sans être autorisée en justice, à son refus. »

Chercher la limite entre les actes d'acquisition et de disposition d'un côté, les actes d'administration de l'autre, en y comprenant la disposition du mobilier, au moins à titre onéreux, et peut-être aussi à titre gratuit, car l'art. 1449 ne distingue pas, telle est donc ma tâche principale pour arriver à déterminer les cas dans lesquels la femme mariée, agissant relativement à son patrimoine, aura besoin d'autorisation.

Je viens d'indiquer la difficulté relative aux actes de disposition du mobilier à titre gratuit. Je vais étudier d'abord cette importante question. L'art. 1449, spécial à la matière, paraît, à première vue, ne pas distinguer. Il emploie le terme générique aliéner. Mais nous trouvons dans l'art. 905 : « La femme mariée ne pourra donner entre-vifs sans l'assistance ou le consentement de son mari, ou sans y être autorisée par la justice, conformément à ce qui est prescrit aux art. 217 et 219, au titre *du Mariage.* »

J'ai déjà cité l'art. 217, dans lequel la prohibition de donner est formelle.

Il faut donc essayer d'expliquer la disposition inconciliable à première vue de l'art. 1449. Et d'abord, remarquons que les aliénations de mobilier à titre onéreux peuvent très-aisément être considérées comme des actes d'administration. On ne comprend pas la gestion d'une fortune mobilière sans de très-fréquentes aliénations. Il n'en peut être de même des actes de disposition à titre gratuit. Il y a certainement, dans la rigueur des termes, contradiction entre les art. 905 et 217 d'un côté, 1449 de l'autre. La seule explication possible, à mes yeux, c'est que, par inadvertance, le législateur a employé le terme *aliéner* pour *aliéner à titre onéreux.* Et cette manière de voir se confirme, si nous remarquons que, souvent, lorsque le Code veut comprendre dans le mot aliéner l'aliénation à titre gratuit, il s'en explique formellement. Nous trouvons un exemple de ce fait dans notre art. 217.

De plus, en laissant à la femme l'administration de son patrimoine, le droit d'aliéner son mobilier à titre onéreux, la loi consacre une situation bien moins pleine de dangers que si elle permettait à la femme des donations non autorisées. Le patrimoine de la famille, son honneur, sont bien moins exposés à subir de cruelles atteintes.

La règle que je viens de poser ne doit pas cependant être appliquée avec une rigueur trop grande.

Dans les donations de mobilier prohibées, il ne faut pas comprendre ces libéralités de petite importance comprises dans l'usage sous la dénomination de *présents*.

Je reviens maintenant à ma question principale : « Déterminer les actes extra-judiciaires de la femme, qui, ne pouvant être qualifiés actes d'administration, seront soumis à l'autorisation. » Des articles déjà cités, on peut déduire les règles suivantes : 1° Toute aliénation, à quelque titre que ce soit, gratuit ou onéreux, des immeubles de la femme, par vente, échange, constitution d'usufruit ou de servitude, etc., doit être autorisée ; 2° même nécessité pour toute aliénation à titre gratuit, même de meubles, comme aussi toute obligation et toute acquisition au même titre.

A la première de ces règles, je n'admettrai aucune exception, même au cas où la femme aurait acquis un immeuble avec des économies faites sur ses revenus. Les termes « en aucun cas » de l'art. 1538 ne permettent pas de distinguer.

Au contraire, la femme mariée peut librement consentir : 1° Toutes obligations relatives à l'entretien et à la réparation de ses biens ; 2° des baux à loyer ou à ferme ; poursuivre, recevoir le remboursement de ses capitaux et en donner décharge ; faire un placement sérieux de ses fonds (je veux dire : un placement qui ne puisse en aucune façon faire soupçonner une donation), à la condition toutefois qu'il ne résulte de ces contrats aucune obligation personnelle à la charge de l'épouse (1). Celle-ci peut encore céder et transporter ses créances, si, du moins, ces opérations peuvent être considérées, selon l'esprit de l'art. 1449, comme le développement du droit de libre administration.

Ces règles générales posées, examinons quelques questions délicates susceptibles de controverse.

1° La femme peut-elle acquérir, à titre onéreux, soit des meubles, soit même des immeubles.

Nous savons qu'on répond immédiatement avec l'art. 217. Non, la femme ne peut rien acquérir à titre onéreux. L'art. 1449, nous ne l'ignorons pas, donne à l'épouse le droit d'aliéner, non d'acquérir des meubles. Il laisse toute sa force à l'art. 217, quant à l'aliénation ou à l'acquisition des immeubles.

Dès qu'une obligation personnelle serait contractée par la femme, dès qu'un immeuble serait acquis en remploi d'un autre immeuble, nous ne ferons pas d'objection. La lettre et l'esprit du Code ne laissent place à aucun doute.

Il en est tout autrement de toute acquisition de meubles ou même d'immeubles ne rentrant pas dans les catégories précédentes.

Et, en effet, l'esprit de la loi est de permettre à la femme de faire librement tout acte de large administration. Dès qu'une chose peut diminuer de valeur par l'usage, le devoir d'un bon administrateur est de l'aliéner, à moins que cette chose ne lui donne un avantage équivalent à la détérioration. Il est évident

(1) Voir plus loin ce qui concerne les obligations de la femme et leur exécution.

encore que pour l'appréciation de ces avantages et de
ces détériorations, cet administrateur seul est compétent. Dès qu'une chose reste improductive en ses
mains, il doit la vendre. De là, le droit de disposer
des meubles et de les aliéner édicté par l'art. 1449.
Peut-on supposer que cet article n'a pas admis comme
corollaire la faculté d'acquérir ces meubles que la
femme pouvait aliéner, tant que cette acquisition n'est
pas à titre gratuit, qu'elle n'entraîne pas à la charge
de l'épouse une obligation personnelle, qu'elle a lieu,
au contraire, moyennant l'aliénation permise du mobilier, et, en particulier, des sommes d'argent dont la
femme a la jouissance. Ces meubles se détérioreraient
peut-être sans avantages, cet argent resterait impro-
ductif ; le pouvoir de disposer et d'aliéner entraîne
nécessairement la faculté d'acquérir, puisque nulle
aliénation ne peut avoir lieu à titre gratuit. La femme
pourra donc disposer de ses meubles, de son argent,
pour acquérir d'autres meubles, en particulier des
créances. La loi ne s'est pas expliquée parce que l'article 1449 entraînait un *a fortiori* évident.

Quant à l'acquisition d'un immeuble, avec tout
autre argent que le prix d'un autre immeuble, dont
l'aliénation non autorisée n'était pas permise à la
femme, je suis bien tenté d'admettre la même solution.
La loi, nous le savons, a pour la propriété immobilière
une préférence très-marquée. Peut-on admettre que la
femme, libre de dilapider ses revenus, libre surtout
d'employer seule ses économies à l'acquisition de
créances, ne pourra en aucune façon faire entrer ainsi

des immeubles dans son patrimoine. S'il y a un moyen
de décharger les rédacteurs du Code de pareille inconséquence, je suis prêt à l'accepter, dussé-je torturer
un peu la lettre de la loi. Sans en arriver là, M. Demolombe me fournit une explication très-ingénieuse;
je me range parmi ses partisans. « Quand la femme
emploie ses créances, ses capitaux disponibles à l'acquisition d'un immeuble, il y a bien là, si vous voulez,
deux choses : d'une part un placement, un emploi, et
de l'autre une acquisition ; mais l'une est principale
et l'autre seulement accessoire ; l'une est le but même
et l'autre le moyen. L'opération principale, le but
enfin, c'est alors l'emploi d'un capital, c'est-à-dire un
acte que la femme séparée de biens peut faire seule.
Or, qui veut la fin, veut les moyens, donc, en ce sens,
et dans cette limite, l'art. 1449 déroge à l'art. 217 en
ce qui concerne la capacité d'acquérir à titre onéreux.
(Demolombe, *Traité du mariage et de la séparation
de corps*, tome II, page 165.)

Une objection très-sérieuse existe encore : Oui, l'a-
chat d'un immeuble dans les conditions précitées est
un acte d'administration, et, à ce titre, permis sans
autorisation, en conséquence de l'art. 1449 ; mais l'article 217 consacre une exception à la règle, vu l'importance de l'acte.

Telle ne peut être la pensée du Code. L'art. 217 est
un article fondamental, une sorte de déclaration de
principes. Ce n'est pas là que le législateur eût placé
une exception. Distingue-t-il entre les meubles et les
immeubles ? Non, et cependant la libre disposition, la

libre acquisition des meubles ne peuvent faire de doute
pour personne. Si un texte consacre des exceptions,
c'est bien plutôt l'art. 1449. L'art. 217 dit : « La
femme ne peut aliéner.....» L'art. 1449 répond : « La
femme peut disposer de son mobilier et l'aliéner,.....»
en conséquence de son droit d'administration. Le
principe est bien dans l'art. 217, l'exception dans
l'art. 1449.

J'en conviens cependant, sur cette question les
doutes sont possibles. La lettre de la loi n'est pas favorable à la deuxième partie du système que j'ai défendu.
Peut-être me suis-je laissé entraîner par le désir de
laisser à la femme mariée une liberté que je crois
légitime, peut-être ai-je pris mes désirs pour l'expression de la pensée intime des rédacteurs du Code.

Il est toujours entendu que toute acquisition, comme
tout autre acte de la femme, soupçonné de cacher une
libéralité resterait attaquable.

2° La femme séparée de biens pourrait-elle, sans
autorisation, acheter un usufruit, placer ses capitaux
en rente viagère?

Non, répondrai-je sans hésiter. Si la femme peut
acquérir un mobilier, des créances, des immeubles,
c'est parce qu'elle est présumée effectuer un remploi
imposé à tout bon administrateur. Ici, il n'y a pas en
réalité remploi, mais, après un temps donné, aliénation, perte du patrimoine. L'intérêt des enfants se
trouve directement et gravement menacé. Que m'im-
portent des textes contradictoires, l'article 1449 et
l'article 217. Nous sommes certains, en protégeant le

patrimoine de la femme, de la famille, des enfants, dans une opération pleine de dangers et nullement nécessaire (puisque la femme a toujours d'autres moyens d'employer ses capitaux), nous sommes certains, dis-je, de nous trouver en parfait accord avec la volonté du législateur.

3° La femme séparée de biens peut-elle, sans autorisation, transiger ou compromettre sur les difficultés relatives à l'administration de ses biens et de son mobilier?

Non, répondrai-je. L'art. 1449 donne bien à la femme la capacité d'administrer ses biens, de disposer seule de son mobilier; mais, sur ce dernier point, en tant que cette disposition est un acte nécessité par le rôle d'administrateur, il n'en est pas ainsi dans l'espèce. La transaction peut être, dans certains cas, un acte utile; il n'est jamais absolument nécessaire. Le recours aux tribunaux, dont la loi ne peut manquer de présumer la sagesse est toujours possible. Les actes dont il s'agit ici, d'ailleurs, peuvent entraîner dans le patrimoine de la femme une perte sans compensation. L'appréciation des droits en litige est souvent fort délicate. Le Code, qui a voulu certainement protéger la femme à la fois contre sa faiblesse de volonté et son inexpérience, n'a pas voulu certainement abandonner la transaction et le compromis à la discrétion de l'épouse. Ces actes pourraient, d'ailleurs, trop aisément déguiser une donation.

En outre, l'art. 1004 du Code de procédure défend le compromis dans toute affaire sujette à communica-

tion au ministère public, si elle venait en justice.
N'est-ce pas ici le cas? De plus, la femme, en accep-
tant un arbitrage, ne court-elle pas de risques plus
grands encore qu'en se référant à la décision du juge.

Enfin l'art. 217 confirme le système que je défends.
Et qu'on ne me reproche pas, dans mes différentes
solutions, de m'appuyer successivement sur les articles 217 ou 1449, suivant le besoin que j'en éprouve,
Ces deux articles sont évidemment contradictoires en
plusieurs points. Je cherche alors à résoudre les difficultés suivant l'esprit général de la législation.

Occupons-nous maintenant des obligations contractées par la femme.

Après de nombreuses hésitations, les solutions suivantes me paraissent devoir être admises :

1° La femme ne peut s'obliger sans autorisation, en
dehors des nécessités de l'administration, cette règle
étant largement entendue à l'égard des tiers. (Je veux
dire que si ces tiers ont dû croire, de bonne foi, que
l'obligation de la femme, à leur égard, était contractée
en vertu de son droit d'administration, ils ne pourront
avoir à souffrir du défaut d'autorisation.)

2° Les obligations contractées par l'épouse, dans
cette hypothèse, ne seront exécutoires que sur ses
revenus et nullement sur son mobilier.

Voici, ce me semble, la démonstration du premier
de ces principes :

1° L'art. 217 nous dit en substance : La femme ne
peut, sans autorisation, aliéner à titre onéreux ou
gratuit; de là, tous concluent à la prohibition des

obligations, non autorisées, qui contiennent toujours pour l'avenir une aliénation indirecte. On pourra déduire de l'art. 1449 une exception à l'égard des actes d'administration (Plus tard, j'en préciserai mieux l'étendue); mais la défense générale d'aliéner, contenue dans l'art. 217, emporte nécessairement prohibition de s'obliger. De même les art. 219, 221, 222 et 224 parlent constamment d'une incapacité de passer un acte, de contracter; ces articles déterminent évidemment la portée de l'art. 217. De plus, selon la remarque très-ingénieuse de M. Valette, aux termes de l'art. 217, la femme, non-seulement ne peut aliéner à titre onéreux, mais pas davantage à titre gratuit. Il lui est également défendu d'acquérir à titre onéreux ou gratuit. Or, si la femme s'oblige, ou elle donne, ou elle acquiert en revanche à titre onéreux. Une face du contrat ne peut être séparée de l'autre. La femme ne peut contracter une obligation.

On fait des objections à ce système :

1° Le Conseil d'État a refusé d'admettre le terme « s'obliger » proposé par le Tribunat.

C'est qu'il craignait de voir pousser trop loin les conséquences de l'incapacité de s'obliger formellement exprimée, car, enfin, s'il avait repoussé le principe, il aurait pris soin au moins de nous expliquer la portée des art. 217, etc..... précités. Une loi, dans laquelle celui qui ne peut aliéner ou acquérir peut s'obliger, serait vraiment trop inconséquente pour que nous attribuions une telle pensée au législateur. Il eût pu seulement, au lieu de craindre les conséquences d'un

principe admis, nécessité par les solutions précédentes,
préciser, limiter ces conséquences. Il n'aurait pas mis
la jurisprudence en présence des difficultés dont il
avait été effrayé lui-même.

Ou plutôt, le Code a bien dit indirectement que la
femme ne peut s'obliger sans autorisation; mais ses
rédacteurs ont, je ne sais pourquoi, caché, pour ainsi
dire, cette disposition dans un article secondaire, l'article 220 : « La femme, si elle est marchande publique,
peut, sans l'autorisation de son mari, s'obliger pour ce
qui concerne son négoce. » Son obligation serait donc
nulle en tout autre cas. Et, c'est là, qu'on le remarque,
un argument péremptoire en faveur du système que je
défends.

Il me reste maintenant, et c'est le point le plus
délicat, à déterminer la portée de l'exception au principe général, contenue dans l'art. 1449.

Nous l'avons vu, selon cet article, la femme peut,
pour cause d'administration, aliéner ses revenus et son
mobilier. D'un autre côté, nous avons déduit l'incapacité de s'obliger, de l'incapacité d'aliéner. Dès lors,
dans les cas exceptionnels où la femme peut aliéner,
elle pourra *peut-être* s'obliger, jamais au delà. (Je dis :
« peut-être, » car, à mes yeux, la faculté d'aliéner de
l'art. 1449, n'emporte pas nécessairement, dans les
mêmes cas, capacité de s'obliger. Je reviendrai d'ailleurs sur ce point.) Dès qu'il ne s'agit plus d'administration, l'autorisation maritale redevient nécessaire.
L'art. 1449, nous le savons, n'a été introduit dans le
Code, que pour concilier l'art. 217 avec le droit d'ad-

ministrer ses paraphernaux laissé à la femme mariée.
Cet article, sous peine de voir la loi se contredire sans
cesse et sans raison, doit être interprété restrictive-
ment. Dès que les nécessités d'une bonne administration ne peuvent plus être invoquées, le principe de
l'art. 217 reprend son empire.

2° Les obligations contractées pour cause d'administration sont exécutoires, non sur les immeubles, ni,
ce me semble, sur les meubles, mais sur les revenus
seulement.

Quant à l'exécution sur les immeubles, nulle difficulté. Aux termes de l'art. 217, l'épouse ne peut aliéner ses immeubles, ni directement, ni indirectement.
Nul article, pas même l'art. 1449, ne permet une telle
aliénation. S'obliger, nous l'avons vu, c'est aliéner
indirectement; par suite les tiers sont avertis que
l'obligation de la femme ne sera jamais exécutoire sur
ses immeubles, car, en tant qu'elle menacerait cette
portion du patrimoine de l'épouse, elle est absolument
prohibée.

On objectera peut-être, sans distinguer entre l'exécution sur les meubles et les immeubles, que l'article 2092 déclare toute obligation personnelle exécutoire sur tous les biens. Mais est-ce bien là un article
à invoquer dans la discussion qui nous occupe? Placé
en tête du titre des privilèges et hypothèques, n'est-il
pas uniquement destiné à établir un principe général,
à montrer l'opposition entre l'hypothèque affectant
spécialement certains biens et la simple créance exécutoire sur tous. La question n'est pas de savoir si, en

principe, celui qui s'oblige soumet son patrimoine
entier aux poursuites de ses créanciers. Nous n'aurions
nul besoin de l'art. 2092 pour être convaincus. Le
simple bon sens suffirait. La difficulté consiste simplement à savoir si les articles spéciaux relatifs à la
capacité de la femme mariée, n'ont pas dérogé à une
des règles qui dominent notre législation.

Je me demande maintenant si les obligations contractées par la femme mariée pour cause d'administra-
tation sont exécutoires sur son mobilier. J'ai indiqué
déjà mon opinion. Je dois l'avouer cependant, il reste
dans mon esprit des doutes très-sérieux. Je prie mes
juges de me tenir compte de ma bonne volonté pour
défendre une opinion généralement repoussée, et dont
néanmoins je ne sais pas reconnaître les vices.

Toute incapacité d'aliéner emporte nécessairement
incapacité de s'obliger. Ce principe est acquis. Mais la
réciproque n'est nullement certaine. Toute capacité
d'aliéner n'emporte pas capacité de s'obliger. L'obligation contient, en effet, quelque chose de plus grave
que l'aliénation. Les législateurs ont très-souvent jugé
ainsi. Le sénatus-consulte Velléien nous offre un exemple de ce fait. Et même l'art. 484, qui permet implicitement les aliénations de mobilier pour cause d'administration, par le mineur émancipé, déclare les obligations de celui-ci toujours réductibles. Dès lors, quand
la loi dit (art. 217) : « La femme ne peut aliéner, » il
en résulte que celle-ci ne peut aucunement s'obliger.
Quand l'art. 1449 ajoute, comme exception, que la
femme pourra aliéner son mobilier, il n'est nullement

11

démontré qu'elle pourra s'obliger sur son mobilier.
Cette conséquence n'est nullement nécessaire. Peut-être
si nulle bonne administration ne pouvait avoir lieu sans
que le droit de s'obliger sur son mobilier soit donné à la
femme, peut-être, dis-je, j'abandonnerais la lettre de
l'article 1449 pour me conformer à son esprit. C'est
ainsi que M. Demolombe, après avoir reconnu que la
capacité d'aliéner n'emporte nullement celle de s'obliger, après avoir concédé, par suite, tous les autres points
en discussion, prétend que si les obligations de la
femme ne sont point exécutoires sur son mobilier, il
n'y aura pour elle nulle administration possible. Mais
en est-il ainsi en réalité? Un bon administrateur sol-
de-t-il les dépenses courantes autrement qu'avec ses
revenus? Si un cas exceptionnel se présente, le mari,
la justice sont là pour autoriser. La femme n'aura pas
de crédit, dira-t-on; mais il ne faut pas un grand
crédit pour des dépenses de minime importance. Si
l'art. 1449 a accordé à la femme le droit d'aliéner son
mobilier, M. Demolombe nous apprend encore pourquoi : c'est que les meubles meublants pourraient
perdre de leur valeur, les autres rester improductifs.

Dans le système opposé, que de patrimoines mena-
cés d'être la proie des fournisseurs de certaines femmes. Voyez-vous des mobiliers se renouvelant sans
cesse, et, toujours sous le coup de nouvelles saisies, la
fortune mobilière de la femme bientôt dissipée. Certes,
les bonnes épouses n'arriveront pas à ces extrémités;
mais si on devait se préoccuper d'elles seules, que
d'articles du Code à supprimer!

Du reste, et quelle que soit la valeur de ces considérations, ma tâche n'est pas de faire la loi, mais d'interpréter le Code ; et celui-ci est, en général, assez
dur à l'égard des femmes, pour que je ne croie pas,
dans la solution précédente, m'écarter de la pensée de
ses rédacteurs.

De l'incapacité de s'obliger résulte pour la femme
celle de s'engager par l'accomplissement d'un mandat.
Les dettes contractées par l'épouse pour les besoins
du ménage obligeront son mari, non elle-même. Les
mœurs lui donnent à cet égard une procuration tacite,
et la loi, ordonnant à la femme d'apporter à son mari
une portion de ses revenus pour les besoins du ménage, suppose bien que de telles dépenses resteront à
la charge du mari.

Certains auteurs proposent de laisser à l'époux un
droit vague de surveillance sur l'administration de la
femme. Sans apprécier leur opinion en législation, je
constate que nul texte ne parle d'un tel droit, et, par
suite, je ne pense pas qu'on puisse l'attribuer au mari.

Après avoir examiné dans quels cas la femme qui
contracte a besoin d'autorisation, posons-nous la même
question, relativement aux autres modes d'aliéner,
d'acquérir ou de s'obliger extra-judiciairement :

1° Quand la loi a formellement accordé à la femme,
dans une situation donnée, un certain droit, par exemple les pouvoirs résultant de la qualité de tutrice, cette
femme pourra valablement accomplir, sans autorisation, les actes nécessités par la gestion de la tutelle.

L'épouse jugée capable par la loi ne peut être soumise à un contrôle.

2° Tout le monde est d'accord que, par ses délits et quasi-délits, la femme s'oblige valablement. Les tiers, au préjudice desquels elle commet un fait dommageable, ne peuvent souffrir de sa qualité d'incapable. C'était au mari de la surveiller.

Les quasi-contrats me semblent, également, susceptibles d'obliger la femme. L'art. 217, en effet, nous dit : « La femme ne peut aliéner... sans le concours du mari *dans l'acte* où son consentement par écrit. » Le mot *acte* est évidemment pris ici dans le sens d'écrit destiné à constater une convention. Ce texte suppose donc implicitement l'existence d'un accord de volontés. Cet accord ne se rencontre pas dans le quasi-contrat. Les conséquences de celui-ci échappent donc à l'art. 217.

Les art. 221, 222, 224, dans lesquels le Code, réglementant l'incapacité de la femme mariée, emploie l'expression : « Contracter », fortifient cette interprétation. La capacité de la femme n'étant plus limitée par les art. 217 et suivants, les quasi-contrats produisent à son égard tous leurs effets.

D'ailleurs, si le contrat résulte du fait personnel de la femme, les tiers qui n'ont pas donné leur consentement ne peuvent souffrir de l'incapacité de la femme. Si le quasi-contrat résultait du fait personnel d'un tiers, pourquoi donnerait-on à la femme d'autres garanties qu'à tout autre individu ? Nul n'aurait pu mieux qu'elle se prémunir contre les effets préjudiciables du quasi-contrat. Encore de tels effets se présenteront-ils rarement. Le gérant d'affaires jouit bien de l'action *negotiorum gestorum*, et non pas seulement de l'action *de in rem verso*. Mais pour que la femme soit en perte, il faudrait la survenance d'un cas fortuit détruisant les bons résultats de la gestion. Et dans ce cas encore on ne voit pas pourquoi on accorderait à la femme une protection particulière.

La loi cependant a pris soin de signaler certains actes, autres que des contrats, interdits à la femme sans autorisation. Aux termes de l'art. 776, elle ne peut accepter ou répudier une succession ; selon l'art. 1029, il lui est interdit également d'accepter une exécution testamentaire sans le consentement de son mari. Les motifs de ces solutions sont assez évidents pour que je n'aie nul besoin de les énoncer.

Au contraire, le Code prévoyant des cas où le doute aurait pu naître par suite de décisions de l'ancienne jurisprudence ou de toute autre cause, a consacré formellement la liberté naturelle de la femme pour les actes suivants : 1° Tester, et, par suite, révoquer son testament (art. 226) ; 2° reconnaître pendant le mariage un enfant naturel né avant la célébration, même d'un autre que de son mari (art. 337). La loi réserve d'ailleurs les droits pécuniaires du mari et des enfants. Solution susceptible d'appréciations diverses, au moins étonnante si elle n'est pas digne de critique. L'honneur du mari et des enfants légitimes pèse d'un côté dans la balance, de l'autre l'état civil du bâtard. Décider est délicat.

ART. 3. — *Par qui, de quelle manière et à quel moment l'autorisation doit-elle être accordée ?*

L'autorisation peut être accordée par le mari (article 217), par le tribunal du domicile du mari (articles 218, 219).

L'autorisation du mari est la règle. Nous verrons bientôt les cas dans lesquels l'autorisation de justice est requise, soit par suite du refus, de la minorité, de toute autre incapacité du mari, soit par suite d'une impossibilité matérielle, cas d'absence, etc... Occupons-nous successivement de ces deux sortes d'autorisation.

Nous avons vu des formes sacramentelles exigées dans l'ancien droit, s'il s'agit d'actes extra-judiciaires. Le mari devait *autoriser*, *habiliter* sa femme. (Pothier, *Traité de la puissance du mari*, § 68.) Rien de semblable pour l'autorisation d'ester en justice. Elle pouvait être donnée en termes quelconques. (*Ibid.* § 75.) Evidemment le Code devait généraliser la deuxième règle. Aux termes de l'art. 217, en effet, l'autorisation résulte « du concours du mari dans l'acte ou de son consentement par écrit. »

Mais deux questions se posent :

1° L'autorisation pourrait-elle être verbale? Au premier abord la négative paraît certaine. Il faut un esprit assez subtil pour interpréter autrement l'art. 217. On pourrait dire cependant que le concours du mari dans l'acte étant suffisant, ce concours ne constituant

autre chose qu'un consentement tacite, le consentement
par écrit dont parle ensuite l'art. 217 précité n'est pas
exigé *ad solemnitatem*, mais seulement comme moyen
de preuve. Dès lors si l'autorisation maritale, verbale
ou non, peut être prouvée par toute autre voie, rien ne
l'empêche d'être valable. Mais il est facile de répondre
que la loi admet en principe la nécessité d'un consentement écrit, quelle approuve ensuite une forme, mais
une seule, d'autorisation tacite, le concours du mari
dans l'acte. J'en conviens, les motifs d'une telle décision ne sont pas évidents, car notre droit repousse en
général toute formalité inutile; mais l'art. 217 n'est
vraiment susceptible que d'une seule interprétation,
celle des partisans de la négative.

2° Peut-on induire l'autorisation tacite d'autres circonstances que celle du concours du mari dans l'acte?
J'ai déjà répondu indirectement à cette question. La
loi me paraît contraire à toute autorisation donnée
dans une forme non prévue par l'art. 217.

On peut induire cependant une exception à cette
règle des termes de l'art. 220 : « La femme, si elle
est marchande publique, peut, sans autorisation..... »
La qualité de commerçante est un fait de notoriété
publique. On ne peut d'ailleurs imposer aux tiers
l'obligation de s'assurer de l'existence d'une autorisation régulière de faire le commerce. Il ne faudrait pas
aller trop loin cependant. La présomption de la loi
tombe et la femme « n'est pas réputée marchande
publique si elle ne fait que détailler les marchandises

du commerce de son mari, mais seulement quand elle fait un commerce séparé (art. 220). »

L'autorisation doit être spéciale : « Toute autorisation générale, même stipulée par contrat de mariage, n'est valable que quant à l'administration des biens de la femme (art. 223). »

« Dans aucun cas, ni à la faveur d'aucune stipulation, la femme ne peut aliéner ses immeubles, sans le consentement spécial de son mari, ou, à son refus, sans être autorisée par justice. Toute autorisation générale d'aliéner les immeubles donnée à la femme, soit par contrat de mariage, soit depuis, est nulle. (art. 1838). »

Mais il ne faudrait pas appliquer ce principe au mandat général donné par l'époux à l'épouse d'aliéner, hypothéquer, etc., les immeubles propres du mari lui-même ou ceux de la communauté. Ce ne serait plus ici un acte d'autorisation découlant de la puissance maritale, mais une procuration ordinaire.

Au contraire, dans les cas prévus par les art. 223 et 1838, l'adhésion de l'époux ne doit pas s'appliquer à une classe d'actes, mais seulement à une opération précise, déterminée. La combinaison des deux textes précités ne permet aucun doute. Tous nos anciens auteurs étaient de cet avis. La loi, en permettant l'autorisation de justice, montre bien qu'il s'agit d'une affaire déterminée. L'exception relative à la marchande publique suppose en outre qu'en principe, une catégorie d'actes ne peut être autorisée en bloc. D'ailleurs le but de la loi, l'impossibilité d'aliéner le pouvoir marital, serait-il atteint dans le système opposé?

Du reste, le mari peut évidemment, dans un même acte, habiliter sa femme pour plusieurs opérations déterminées.

L'autorisation peut précéder ou accompagner l'acte. Peut-elle le suivre?

L'affirmative me semble préférable. L'argument invoqué dans l'opinion contraire (il n'y en a guère qu'un seul) est, en effet, d'une subtilité désespérante. Au moment où l'acte a été consenti sans autorisation, le contrat était nul comme contraire à la loi. Ce qui est nul ne peut revivre par l'effet d'une ratification postérieure.

Mais l'acte était-il absolument nul? Non, puisque l'art. 225 réserve le droit de l'attaquer à des personnes déterminées; il était seulement annulable, susceptible d'être attaqué uniquement par le mari, par la femme, si elle changeait de volonté, ou par leurs héritiers. Il pouvait valoir à l'égard de toute autre personne, il avait donc une existence. Ainsi, selon l'art. 183, peut être ratifié le mariage d'un mineur, incapable comme la femme, sans le consentement des ascendants. Que la ratification soit impossible si la femme avait changé de volonté, d'accord. Mais pourquoi dans le cas contraire (et c'est celui de notre hypothèse), la ratification ne serait-elle pas admise? Peut-être hésiterais-je à accepter cette décision, par ce motif qu'on ne sait jamais d'une façon certaine si la femme est absolument libre au moment de la ratification; mais dans

le système opposé, il faut supposer le Code plus sévère que l'ancienne jurisprudence, plus sévère, sans
s'en expliquer. Cette supposition est peu probable. Il
vaut mieux s'en tenir à la décision de nos coutumes.
Le contrat avait un vice. Ce vice cesse par l'adhésion
postérieure du mari. Dorénavant, l'acte produira tous
ses effets contre les deux époux. Ce n'est pas au moment où le mari, après de mûres réflexions, reconnaît
son erreur, qu'on doit lui enlever le droit de la réparer.

Ainsi que nous l'avons vu déjà, dans le cas d'un
refus déraisonnable du mari, de son incapacité comme
mineur interdit, mort civilement, d'une impossibilité matérielle, comme le cas d'absence, la femme
peut demander à la justice l'autorisation dont elle a
besoin.

« Le mari, dit très-bien Proudhon, n'est que le
délégué de la loi, dans l'usage du pouvoir dont elle l'a
revêtu ; la puissance publique qui absorbe tous les
pouvoirs particuliers peut, à plus forte raison, les
suppléer. »

Cependant nous verrons certaines hypothèses dans
lesquelles le mari seul pourra habiliter sa femme. Il
en serait ainsi si l'autorisation menaçait de faire échec
à la puissance maritale, si elle rendait trop difficile
l'accomplissement du devoir d'obéissance de l'épouse,
si elle dépendait, en outre, de circonstances de famille
que la justice pourrait difficilement apprécier.

Examinons d'abord les différentes situations dans

lesquelles le mari étant dans l'impossibilité d'auto-riser, la justice sera appelée à prononcer.

« Si le mari est interdit ou absent, le juge peut, en connaissance de cause, autoriser la femme, soit pour ester en jugement, soit pour contracter (art. 222). »

La simple non-présence serait-elle suffisante pour donner lieu à l'application de ce texte. Je ne le crois pas. Le mot « absent » doit être pris dans son sens légal, et non pas interprété selon le langage usuel.

« Lorsque le mari est frappé d'une condamnation à une peine afflictive ou infamante, encore qu'elle n'ait été prononcée que par contumace, la femme même majeure ne peut pendant la durée de la peine ester en jugement, ni contracter, qu'après s'être fait auto-riser par le juge qui peut, en ce cas, donner l'auto-risation, sans que le mari ait été entendu ou appelé (art. 221). »

Une difficulté s'élève au sujet de la dégradation civique, peine infamante, perpétuelle, sauf le cas de réhabilitation. Le condamné sera-t-il toujours incapable d'autoriser. C'est là une solution très-dure, surtout si on la compare aux conséquences de condamnations beaucoup plus graves. On interprète d'ordinaire et avec raison ces mots « la durée de la peine » par « la durée de la peine afflictive. » L'art. 34 du Code pénal, qui ne place pas l'incapacité d'autoriser parmi les déchéances produites par la dégradation civique, con-firme cette interprétation.

Le contumax ne subit jamais la condamnation;

néanmoins, l'art. 221 lui enlève le droit d'autoriser.
Mais son incapacité cessera dès l'instant de sa repré-
sentation volontaire ou forcée devant la justice. Il n'est
plus dès lors qu'un prévenu ordinaire.

« Si le mari est mineur, l'autorisation du juge est
nécessaire à la femme, soit pour ester en jugement,
soit pour contracter. » (Art. 224.)

A la différence de l'ancien droit, le Code ne veut
pas qu'un incapable puisse assister un incapable. La
nécessité de l'autorisation ne découle donc pas seulement de la puissance du mari, mais aussi de l'incapacité de l'épouse, relative, si l'on veut, mais réelle aux
yeux des rédacteurs du Code.

L'art. 222, ainsi que nous l'avons vu, prononce la
même incapacité contre le mari interdit ou absent.
Cette décision doit être étendue au cas de réclusion
dans un établissement d'aliénés, sans que l'interdiction ait été prononcée. De même, à mon sens, vis-à-vis
du mari pourvu d'un conseil judiciaire. Le texte de la
loi a négligé de le mentionner, d'où la possibilité d'un
doute ; mais, franchement, si on admettait la solution
opposée, il faudrait supposer les auteurs du Code bien
inconséquents. L'ancien droit s'était déjà prononcé en
faveur de l'incapacité. La rédaction de l'art. 222 ne
peut être attribuée qu'à un oubli involontaire.

Jusqu'ici, sauf les cas d'incapacité du mari ou d'impossibilité matérielle, nous avons toujours vu l'autorisation de justice ne se présenter qu'au cas de refus
déraisonnable du mari. Certains auteurs affirment,
néanmoins, que dans l'hypothèse d'une obligation de

la femme en faveur de son mari, d'un contrat intervenu entre les époux (dans les cas où ce contrat est
permis), l'autorisation de justice est nécessaire. Quelques-uns vont même jusqu'à poser en règle générale,
sauf exception, que les contrats entre époux sont
prohibés.

A ces systèmes, qui peuvent avoir d'excellents fon-
dements en législation, encore que des motifs également sérieux les combattent, il est aisé d'opposer des
textes.

L'art. 1123 dit : « Toute personne peut contracter,
si elle n'en est pas déclarée incapable par la loi. »
Aux termes de l'art. 217, la femme ne peut contracter sans le concours du mari dans l'acte ou son consentement par écrit ; mais moyennant ce concours ou
ce consentement, elle peut contracter avec tous, même
avec son mari, car les art. 1123 et 217 ne font nulle
exception. Parfois le danger dérivant de la suprématie
du mari, de son autorité dans le ménage, a donné
lieu, entre époux, à des prohibitions particulières de
contracter. Mais la règle générale reste établie par les
articles précités. Il est évident de plus que toute donation déguisée sous la forme d'un contrat à titre onéreux, sera efficace seulement si l'époux donateur vient
à mourir sans avoir révoqué sa volonté première.

Il est bon de voir maintenant si le pouvoir du juge
d'autoriser la femme en cas de refus déraisonnable du
mari s'applique absolument à toutes les hypothèses.
J'ai déjà signalé plusieurs fois les art. 218 et 219. Je
les citerai ici textuellement : « Si le mari refuse d'au-

toriser sa femme à ester en justice, le juge peut donner l'autorisation. » (Art. 218). « Si le mari refuse d'autoriser sa femme à passer un acte, la femme peut faire citer son mari directement devant le tribunal de première instance de l'arrondissement du domicile commun, qui peut donner ou refuser son autorisation, après que le mari aura été entendu ou dûment appelé dans la chambre du conseil. » (Art. 219).

Qu'on remarque la généralité des termes de l'article 218, en regard de l'expression « passer un acte » de l'art. 219. Nous trouverons là un argument considérable dans la discussion qui va suivre : Au refus de l'époux, la justice peut-elle autoriser l'épouse à faire le commerce ?

Aux termes de l'art. 223, le mari ne peut donner à sa femme, par contrat de mariage, une autorisation générale quelconque, sauf celle relative à l'administration des biens. Évidemment la loi se défie des entraînements qui peuvent conduire le mari, dès le début de l'union conjugale, à aliéner sa puissance. Cependant le mari peut permettre à sa femme d'être marchande publique. Des motifs d'utilité ont inspiré cette décision, excellente en fait, mais contraire aux principes. Dès lors, puisqu'elle est exceptionnelle, l'interprétation doit la renfermer dans les plus étroites limites.

Or, n'est-ce pas le mari, le mari seul qu'on peut déclarer capable d'apprécier en connaissance de cause, non pas l'utilité de tel ou tel acte, mais l'intelligence, le caractère, la capacité générale de sa femme, la situation de fortune des deux conjoints, les divers éléments enfin qui déterminent l'opportunité de l'autorisation.

Ici, le patrimoine de la femme n'est pas seul en question (sans parler maintenant de la communauté et du mari, que la femme peut obliger, aux termes de l'art. 220), c'est encore l'accomplissement du devoir d'obéissance de la femme. Maîtresse de capitaux importants, celle-ci échappera aisément à la puissance de son mari. Sa situation de commerçante, ses occupations, ses relations lui assureraient une indépendance presque absolue.

Quels textes invoquent donc ceux qui attribuent au juge le pouvoir si considérable d'autoriser l'épouse à faire le commerce. Les art. 218 et 219 attribuent au juge le droit d'habiliter la femme pour ester en justice, pour accomplir tel ou tel acte déterminé, nullement le pouvoir de modifier la capacité de l'épouse. Et cependant c'est là, en réalité, le résultat produit par la qualité de marchande publique attribuée à la femme.

Ce n'est pas tout encore. Que répondra-t-on dans le système opposé à l'art. 4 du Code de commerce, aux termes duquel la femme ne peut être commerçante « sans le consentement de son mari? » On dira peut-être que cette décision est mauvaise, détestable, qu'elle donne au mari le droit d'arrêter à son gré l'activité de la femme prête à affronter de dures fatigues dans l'intérêt de ses enfants, tandis que le ménage est en proie à de cruelles nécessités.

Il y a évidemment du vrai, mais aussi de l'exagération dans de telles considérations. On l'a vu, je pour-

rais opposer des raisons non moins graves. Mais,
d'ailleurs, avons-nous mission de faire la loi ? Que
devant le bon sens, l'école opposée ait raison, ce dont
je doute un peu, l'autorité des art. 218 et 219 du
Code civil, de l'art. 4 du Code de commerce, n'est en
rien diminuée. Le juge ne peut autoriser la femme à
faire le commerce.

J'en conviens, dans le cas où le mari est mineur,
interdit, absent, etc., en un mot dans l'hypothèse de
l'incapacité du mari ou de l'impossibilité matérielle
d'autoriser, je serais heureux de trouver un texte, selon
lequel il fût permis au juge d'habiliter la femme. Mais
ce texte n'existe pas. On pourrait peut-être baser une
distinction sur l'expression : « Passer un acte » des
art. 218 et 219, en regard du terme : « Contracter »
des art. 221, 222, 224. Je n'ose néanmoins adopter
cette manière de voir, car, en toute franchise, je ne
crois nullement que les rédacteurs du Code aient songé
à la difficulté soulevée ici.

Si la femme était mineure, aucune raison ne s'oppose à ce que le consentement du mari soit requis,
mais d'autres conditions exprimées dans l'art. 2 du
Code de Commerce devront être réalisées. Je n'ai pas,
du reste, à les indiquer ici.

L'art. 219 nous a indiqué déjà les formes de l'autorisation de justice, s'il s'agit d'un acte extra-judiciaire :
citation au mari par la femme devant le tribunal de
première instance du domicile commun, appel dans la
chambre du conseil pour y déduire les raisons du
refus. S'il s'agit d'ester en justice, nous sommes ren-

seignés par l'art. 861 du Code de Procédure civile :
« La femme qui voudra se faire autoriser à la poursuite de ses droits, après avoir fait une sommation à
son mari, et sur le refus par lui fait, présentera requête
au tribunal, qui rendra ordonnance portant permission
de citer le mari, à jour indiqué, à la chambre du conseil pour déduire les causes de son refus. »

L'art. 861 du Code de Procédure donne évidemment
une solution plus complète, plus convenable aussi, que
celle de l'art. 219. De là une opinion déclarant que
les formes de l'art. 861 du Code de Procédure devront
toujours être suivies. Il s'agit de forcer un peu la lettre
de la loi. Mais ne peut-on dire que l'art. 219 est surtout destiné à poser un principe général, que l'article 861 est seulement explicatif? Je n'oserais, j'en
conviens, déclarer nulle une procédure engagée suivant
les règles de l'art. 219; mais si l'on a suivi celles de
l'art. 861, toutes les conditions exigées par le Code
civil étant remplies, je crois qu'on se sera mieux con-
formé à la volonté du législateur.

Dans cette dernière hypothèse, la requête, comme
la sommation, devront exposer très-sommairement l'affaire dont il s'agit et les motifs pour lesquels l'autorisation est demandée. Un certain délai, au moins
vingt-quatre heures, devra être laissé au mari après la
sommation.

Si l'époux est absent ou incapable, on suivra l'article 863 du Code de Procédure : «Dans le cas de
l'absence présumée du mari, ou lorsqu'elle aura été
déclarée, la femme qui voudra se faire autoriser à la

12

poursuite de ses droits présentera également requête
au président du tribunal, qui ordonnera la commni-
cation au ministère public, et commettra un juge pour
faire le rapport à jour indiqué; » et, suivant les cas,
on joindra à la requête « le jugement qui aurait été
rendu pour déclarer l'absence, ou, à défaut de ce jugement, celui qui aurait ordonné l'enquête, ou, s'il n'y a
point eu de jugement, un acte de notoriété (argument
des art. 156, C. civ., et 864, C. Proc.)», ou bien « la
femme de l'interdit se fera autoriser dans la forme
prescrite précédemment; elle joindra à sa requête le
jugement d'interdiction (art. 864, C. Proc.). » De
même, dans le cas de condamnation du mari à une
peine afflictive ou infamante, l'arrêt sera joint à la
requête, comme le jugement déclaratif d'absence ou
prononçant l'interdiction.

Si le mari était mineur, nulle sommation à lui
adresser, puisqu'il n'a pas de refus à opposer; mais
devra-t-il être appelé dans la chambre du conseil?
Aucun texte ne fait de ce préliminaire une nécessité;
le juge néanmoins pourra toujours ordonner la compa-
rution du mari, et, à mon sens, il le devra toujours.
Ce mari, en effet, bien qu'incapable d'autoriser, est
intéressé et le plus propre à donner au juge les éclair-
cissements nécessaires.

Aux termes de l'art. 219, nous savons que le tribunal compétent est celui du domicile commun; mais,
s'il s'agit d'époux séparés de corps, j'admettrais aisément, avec mon éminent professeur M. Valette, que
l'autorisation devra être accordée par le tribunal du

domicile de la femme, plus apte à prononcer. La loi, du reste, est muette.

En la chambre du conseil, les parties pourront être assistées de leur avocat ou avoué. Elles seraient elles-mêmes le plus souvent peu capables d'exposer, soit les motifs de la demande d'autorisation, soit ceux du refus.

« Le mari entendu, ou faute par lui de se présenter, il sera rendu, sur les conclusions du ministère public, un jugement qui statuera sur la demande de la femme. (Art. 862, C. Proc.) »

Mais ces conclusions seront-elles entendues? ce jugement sera-t-il rendu publiquement? Le bon sens dit : Non, et, d'après la discussion, cet avis était, paraît-il, celui des rédacteurs du Code. Mais écoutez l'art. 87 du Code de Procédure : « Les plaidoiries seront publiques, excepté dans les cas où la loi ordonne qu'elles seront secrètes; » l'art. 112, même Code : « Le procureur de la République sera entendu, en ses conclusions, à l'audience; » l'art. 116, même Code : « Les jugements seront rendus à la pluralité des voix et prononcés sur le champ; néanmoins, les juges pourront se retirer en la chambre du conseil... » Ils n'y sont donc pas. On pourrait ajouter encore l'art. 7 de la loi du 10 avril 1810.

Pour déroger à ces textes formels, il faudrait d'autres textes. Nous ne les possédons pas. La loi doit être obéie toujours, et surtout en matière de procédure, dans toute sa rigueur. Du reste, dans le cas où les juges craindraient des débats scandaleux ou présentant d'autres inconvénients graves, ils pourront toujours, en exécutant les formalités de l'art. 87 du Code de Procédure, ordonner le huis-clos.

Le juge jouit d'un pouvoir discrétionnaire pour accorder ou refuser l'autorisation. Les circonstances de la cause seule doivent le guider. Il peut même, ce me semble, imposer des conditions, par exemple, s'il s'agit d'emprunt, fixer le taux.

L'appel est ouvert aux deux parties, selon le droit commun. Devant la cour sera suivie la même procédure que devant le tribunal de première instance. Nulle autorisation n'est nécessaire pour cet appel, car le tribunal préjugerait, pour ainsi dire, la question soumise à la cour, juridiction supérieure. D'ailleurs, les juges de première instance seraient dans un trop grand embarras pour accorder ou refuser l'autorisation d'attaquer un jugement rendu par eux.

Telles sont les principales règles à suivre au cas d'une demande d'autorisation formée par la femme, pour ester en justice, comme demanderesse; mais si cette femme est défenderesse, les droits des tiers ne peuvent être paralysés par suite du refus du mari, ou parce que la femme ne demande pas à être rendue capable. Ces tiers assigneront alors à la fois la femme, et le mari, à l'effet de l'autoriser. Le Code décide ainsi dans des espèces particulières (art. 818 et 2208), et rien n'empêche de généraliser cette solution. Le tribunal compétent sera, par suite, celui devant lequel la demande du tiers est formée. Si le mari refuse encore l'autorisation, le tribunal décidera par une disposition

spéciale et préalable du jugement rendu sur le fond
de la cause entre la femme et le tiers.

Comme celle du mari, l'autorisation de justice doit
être spéciale.

Nous l'avons vu, l'adhésion du mari postérieure à
un contrat de sa femme, produit ratification. En est-il
de même de l'autorisation de justice? Peut-elle valider
un acte antérieur de l'épouse? Je ne le crois pas, car
un tel résultat porterait atteinte à la faculté de demander la nullité, en vertu de l'art. 225. L'épouse a commis, à l'égard de son conjoint, un acte d'insubordina-
tion. Elle pouvait se faire autoriser par justice si le
mari refusait à tort. Elle ne l'a pas fait. Je ne crois
pas que les tribunaux puissent valider un acte ainsi
accompli au préjudice des droits du mari, et d'ailleurs
contraire à la loi.

ART. 4. — *Effets de l'autorisation ou du défaut d'autorisation.*

Rendre la femme capable de contracter, enlever aux
deux époux et à leurs héritiers le droit d'attaquer
l'acte autorisé, tels sont les principaux effets de l'autorisation.

Des explications sont néanmoins nécessaires. Elles
formeront la dernière partie de mon travail sur la
puissance maritale en Droit français. Je distinguerai
entre les effets de l'autorisation et ceux du défaut
d'autorisation, entre les effets produits à l'égard de la
femme et ceux produits à l'égard du mari.

L'épouse devient, pour l'acte autorisé, aussi capable, ni plus, ni moins, que si elle n'était pas mariée. Elle ne pourra plus jamais attaquer son contrat, ni exercer aucun recours contre le mari autorisant. Celui-ci a seulement levé un obstacle, il n'a pris en rien la responsabilité de l'acte. Il est évident toutefois que toute nullité de droit commun, ne se rattachant pas à la qualité de femme mariée, pourrait être invoquée par l'épouse même autorisée.

L'adhésion du mari ou de justice n'a d'effet que dans les limites fixées d'avance dans l'acte auquel le mari a concouru, dans l'écrit qui porte son consentement, ou dans le jugement d'autorisation. Par exemple, la femme autorisée à ester en jugement ne pourra transiger, acquiescer ou se désister, ni déférer le serment décisoire. Ce dernier acte, en effet, est, en réalité, une offre de transaction : *Jusjurandum speciem transactionis continet.* (L. 2, *de Jurejurando.*) Accepter le serment décisoire, au contraire, ou le déférer, faire un aveu, sont des nécessités de la procédure, des moyens de preuve tirés du droit commun. La faculté de faire ces actes est comprise dans l'autorisation d'ester en justice.

La femme autorisée à plaider devant une juridiction, peut-elle porter l'affaire devant les tribunaux supérieurs, sans nouvelle autorisation? Non, si l'autorisation première est limitée à tel tribunal. Oui, si elle est donnée d'avance, expressément pour tous les degrés de juridiction. Si rien n'est exprimé à cet égard, distinguons entre l'adhésion du mari et l'autorisation de justice. Au premier cas, il me semble que l'autorisation d'ester en jugement doit être présumée générale; il s'agit toujours en effet de la poursuite du même droit, et tant qu'on suit les voies ordinaires de recours, c'est-à-dire l'opposition ou l'appel, je ne vois nulle nécessité d'une autorisation nouvelle.

Devant la Cour de Cassation la question sera plus grave. Ce n'est pas là une voie ordinaire de recours. Présumer que le mari a donné d'avance l'autorisation, serait aller trop loin. De plus, une nouvelle autorisation du mari est d'autant plus utile qu'on ne porte guère devant la Cour de Cassation que des affaires majeures ou des questions d'amour-propre. L'époux, du reste, conserve pendant tout le cours des diverses instances le droit de retirer son autorisation. Et là, se se trouve le remède à tous les inconvénients que la solution précédente pourrait présenter.

La nécessité d'une seconde autorisation me semble évidente; s'il s'agit de tierce opposition, de requête civile, de prise à partie, voies essentiellement extraordinaires, on ne peut présumer que le mari a voulu d'avance habiliter la femme pour ces sortes de recours.

Si l'autorisation a été donnée par la justice, les mêmes raisons commanderont des décisions identiques. Celles-ci, cependant, présenteront des inconvénients absents dans la première hypothèse, car, ici, le mari ne pourra plus de son autorité privée révoquer l'autorisation des magistrats.

La femme, habilitée par le mari ou par la justice, est capable de tous les actes accessoires de l'acte principal.

Je ne crois pas cependant que l'autorisation de tenter la conciliation devant le juge de paix emporte autorisation de plaider. Le recours à la justice n'est pas la suite nécessaire de la tentative de conciliation. Celle-ci n'est pas une instance, ne contient pas un litige à juger. L'autorisation donnée à la femme n'est pas, ce me semble, une autorisation d'ester en justice.

La femme habilitée pour ester en justice peut toujours, au contraire, poursuivre l'exécution du jugement obtenu par elle; mais elle serait inhabile à mettre la surenchère, soit sur les biens encore appartenant à son mari, après séparation judiciaire, soit sur les biens d'un tiers sur lesquels elle aurait hypothèque. La surenchère n'est pas une suite nécessaire du jugement, mais, au contraire, un acte d'acquisition pour lequel une autorisation spéciale paraît nécessaire.

Des effets particuliers sont produits à l'égard de la femme par l'autorisation de faire le commerce. Essayons de les analyser.

Nous trouvons, art. 220 du Code Civil : « La femme, si elle est marchande publique, peut s'obliger sans l'autorisation de son mari, pour ce qui concerne son négoce... » Art. 5 du Code de commerce : « La femme, si elle est marchande publique, peut, sans l'autorisation de son mari, s'obliger pour ce qui concerne son négoce. » Art. 7 du Code de commerce : « Les femmes marchandes publiques peuvent également engager, hypothéquer et aliéner leurs immeubles. Toutefois, leurs biens stipulés dotaux ne peuvent être hypothéqués ni aliénés que dans les cas déterminés et avec les

formes réglées par le Code civil. » Cette dernière disposition ne nous intéresse pas. Elle est indépendante de
la puissance maritale, suite du mariage, à laquelle
nulle femme ne peut échapper. Je la négligerai. Il reste
évident que la capacité de la femme marchande publique est très-étendue. « La femme, disait très-bien Pothier, n'ayant pas toujours son mari à ses côtés qui
puisse l'autoriser pour ces actes, lesquels, le plus souvent, ne souffrent pas de retardement. » Remarquons
toutefois que la faculté d'aliéner les immeubles, etc.,
donnée par l'art. 7 du Code de commerce n'est évidemment accordée à la femme, selon les termes de l'art. 8,
« que pour ce qui concerne son négoce. » Des difficultés cependant peuvent s'élever sur l'interprétation
de ces derniers mots. Supposons, par exemple, que la
femme achète une maison pour y établir une manufacture, sera-t-elle suffisamment capable, en vertu de
sa qualité de commerçante? Je ne le crois pas. La
création d'une manufacture peut bien être relative au
genre de négoce de la femme; mais cet établissement
sera difficilement considéré comme l'accessoire du
commerce autorisé par le mari. La femme entreprend
ici, en réalité, un nouveau négoce, ou, du moins,
donne à l'ancien, non pas un développement progressif, suite naturelle de la prospérité des affaires, mais
un accroissement immédiat très-considérable, nécessitant une capacité bien plus grande. Une nouvelle autorisation du mari me paraît donc nécessaire. Du reste,
ce mari ne pourrait-il pas retirer l'autorisation primitive? Et, si je ne me trompe, c'est bien ici le cas d'ap-

pliquer la maxime : Qui peut le plus, peut le moins.
En outre, l'art. 7 parle bien « d'*aliéner*, *hypothéquer*, etc., » mais nullement d'*acquérir* ; et ce n'est
pas là un oubli. Le commerce peut souvent nécessiter
des aliénations destinées à fournir des capitaux, rarement au contraire, il entraîne des acquisitions d'immeubles. Je ne vois pas pourquoi ce dernier acte, en
ce qui concerne la femme commerçante, échapperait
au droit commun.

Une autre hypothèse se présente encore, diverse-
ment résolue par les jurisconsultes. La femme autorisée à faire le commerce peut-elle former avec un tiers
une société commerciale ? Cette société, dira-t-on d'un
côté, *concerne le négoce* de la femme. Celle-ci sera
donc capable. On répondra que la formation d'une
société commerciale est un acte assez important pour
changer tout à coup l'étendue et la nature même du
commerce primitif, le seul approuvé, le seul dont les
conséquences s'imposent au mari. Et d'ailleurs ce dernier peut-il être tenu de tolérer les rapports constants
que la société va faire naître entre sa femme et un
tiers ? Non assurément. Il est dans notre hypothèse
un intérêt moral qui domine absolument toutes les
considérations pécuniaires.

La femme commerçante peut-elle cautionner sans
autorisation un tiers commerçant ? Je trouve dans la
loi : « La femme commerçante peut s'obliger pour tout
ce qui concerne son négoce. » Le cautionnement est
une manière de s'obliger. Il peut, dans des cas nombreux, présenter indirectement des avantages sérieux

au point de vue du commerce de la femme. Je crois
donc qu'en thèse générale une autorisation spéciale ne
sera pas nécesaire. Toutefois, si, en fait, il était prouvé
que l'engagement de l'épouse ne pouvait présenter nul
avantage relativement à son négoce, les tribunaux
auraient peut-être le droit d'annuler l'obligation contractée en réalité au mépris de l'autorité maritale.
Il se serait produit en ce cas une sorte de donation
déguisée absolument réprouvée par le Code, si le mari
n'y a pas donné son adhésion.

Cette distinction se rattache d'ailleurs à la question
vraiment délicate de la détermination des actes qui
concernent le négoce de la femme. Les tribunaux sont
appréciateurs souverains. On peut cependant essayer
de poser quelques règles. Si l'acte a une forme commerciale, il est présumé relatif au commerce, et celui
qui demande l'invalidation, devra prouver l'inexactitude de fait de cette présomption, et, en outre, démontrer que les tiers intéressés connaissaient parfaitement
la situation. Sinon la nullité ne leur serait pas oppo-
sable, car, en apparence, la femme était capable. L'article 638 du Code de Commerce confirme ce système
en ce qui touche les billets portant obligation consentie par la femme marchande publique. Et sa décision infiniment raisonnable me semble devoir être
étendue à tous les cas analogues.

Quant à la déclaration de la femme insérée dans
l'acte portant que le contrat est relatif à son négoce,
je ne la crois pas décisive, c'est-à-dire susceptible
d'entraîner seule et fatalement la validité de la con-

vention. Il serait trop facile à la marchande publique d'échapper ainsi à toute critique de ses actes. Enfin, si la déclaration précédente n'a pas été faite par la femme, si l'acte n'est commercial ni par sa nature, ni par sa forme, ni en vertu de la présomption de l'article 638, Code de commerce (relatif aux billets souscrits par un négociant), je crois que le tiers intéressé sera tenu de démontrer que son contrat concernait le négoce de la femme. Son adversaire, en effet, celui qui demande la nullité de l'acte, base sa prétention sur les art. 217 et 225 dont les prescriptions sont générales. Si le tiers prétend se trouver l'exception des art. 5 et 7, Code de Commerce, c'est à lui de prouver son dire, de démontrer que l'acte attaqué concerne le négoce de la femme. Il n'existe, en effet, aucun motif sérieux d'admettre à priori une telle présomption. Décider ainsi, serait étendre outre mesure les décisions de nos Codes déjà très-favorables, à l'égard de la femme commerçante.

L'autorisation de faire le commerce me paraît devoir être présumée spéciale, c'est-à-dire s'appliquant uniquement à une branche de commerce. Il serait insensé de soutenir que le mari, en autorisant sa femme, l'a reconnue apte à toute espèce de négoce. Si l'acte d'autorisation ne s'explique pas, on devra l'interpréter dans le sens du commerce habituel de la femme. Cependant il faudrait reconnaître la validité d'une autorisation qui s'appliquerait expressément à toute espèce de négoces. Le Code, en effet, dit en général que le mari peut autoriser sa femme à « faire le commerce. »

Quand le mari habilite sa femme, il ne s'oblige pas lui-même. « *Qui auctor est, non se obligat.* » (Je ne considère toujours que le régime de séparation de biens.) L'autorisation a pour unique but de lever l'incapacité de la femme. A plus forte raison, si la justice autorise un acte, le mari ne sera jamais engagé.

Tant que les choses sont entières, l'adhésion du mari peut toujours être retirée. Cette règle générale s'applique à l'autorisation de faire le commerce. Toutefois, ce commerce étant commencé, le mari ne pourra brusquement l'arrêter, sous peine de compromettre des intérêts importants. L'épouse pourrait, en ce cas, recourir à la justice.

Sauf l'autorisation générale d'administrer, suite du régime de séparation de biens, aucun caractère particulier d'irrévocabilité n'est attaché aux clauses du contrat de mariage, dont le but serait d'habiliter la femme à faire un acte, une catégorie d'actes, et même à entreprendre un négoce.

Le pouvoir de révocation du mari s'étend-il à l'autorisation de justice. Non, évidemment, puisque cette autorisation a été accordée généralement par suite d'un refus déraisonnable de l'époux. Celui-ci devra, pour faire révoquer l'autorisation de justice, procéder par les mêmes voies tracées à la femme pour l'obtenir. Il sera tenu néanmoins de présenter de nouveaux moyens, d'exposer des faits nouveaux inconciliables avec la capacité de la femme, sinon, il lui serait répondu par l'exception de la chose jugée.

La révocation ne peut préjudicier aux tiers qui au-

raient déjà traité avec la femme. Même, pour les actes
postérieurs, si ces tiers ont ignoré la révocation, elle
no pourra leur être opposée. La loi n'a organisé à cet
égard nul mode de publicité. C'est au mari à aviser.
Un excellent moyen indiqué par la loi dans des circonstances analogues, consiste dans l'affiche au tribunal et l'insertion dans les journaux. Les magistrats
décideront, en fait, si les tiers ont ignoré la révocation.

Passons aux effets du défaut d'autorisation.

Le défaut d'autorisation produit une nullité relative
que nous allons bientôt étudier. Voyons auparavant
si le fait de la femme ne peut empêcher cette nullité
de se produire au préjudice des tiers. Si l'épouse s'est
déclarée fille ou veuve, si elle a employé, pour usurper
cette qualité, des manœuvres frauduleuses, l'acte non
autorisé restera-t-il valable?

D'abord, les articles du Code qui prononcent l'incapacité de la femme ne distinguent pas. De plus, on
peut déduire par analogie de l'art. 1307 relatif aux
mineurs qui se déclareraient capables, que les tiers
auraient dû s'informer de la situation de celle avec
laquelle ils traitent. Mais, d'un autre côté, les tiers
ne peuvent souffrir du délit ou quasi-délit de la femme.
Celle-ci est responsable. Prononcer la nullité, et condamner la femme à des dommages-intérêts, sera, par
suite, la solution la plus conforme aux principes. Re-
connaissons néanmoins que déclarer l'acte valable,
serait en général la réparation la plus simple et la
plus équitable du préjudice causé aux tiers.

Si, sans aucun dol de la femme, par suite d'une erreur plausible (comme, par exemple, à la suite d'un rapport officiel, ayant déclaré son mari mort dans un sinistre ou à la guerre), les tiers ont été trompés, s'ils n'avaient aucun moyen de vérifier leur erreur, il faudra évidemment appliquer la maxime : « *Error communis facit jus,* » et prononcer la validité de l'acte. Mais les juges devront toujours vérifier, en fait, l'absence de dol de la part de l'épouse. Toute ruse employée par elle serait punie de dommages-intérêts.

Si un acte de la femme est attaqué, c'est à celle-ci de prouver l'existence et la régularité de l'autorisation. Les tiers intéressés pourraient, du reste, faire la même preuve contre le mari ou les héritiers des conjoints. On dira peut-être : C'est au demandeur à prouver la nullité de l'acte, le défaut d'autorisation. Nullement, car l'incapacité de la femme mariée est la situation naturelle, normale. D'ailleurs, il s'agit ici de faire la preuve d'un fait négatif, preuve sinon impossible, du moins très-difficile; d'autant plus qu'on ne voit guère dans l'hypothèse le moyen de la ramener à la preuve d'un fait positif, à moins que la femme n'invoque une autorisation dont on conteste la validité. Le fardeau de la preuve est donc à la charge de ceux qui prétendent valable l'acte en litige.

Revenons sur la question indiquée plus haut : Quelles personnes sont aptes à soutenir la nullité des actes de l'épouse?

« La nullité fondée sur le défaut d'autorisation ne peut être opposée que par la femme, par le mari ou par leurs héritiers (art. 225). »

La nullité n'est donc pas absolue comme dans l'ancien Droit. Seules, les personnes énumérées dans l'article 225 peuvent attaquer l'acte. Elle doit être prononcée par la justice. Enfin, comme nous l'avons vu précédemment, la ratification est toujours possible.

Je ne reviendrai pas ici sur les motifs de l'art. 225, je ne me demanderai pas à quel titre les héritiers du mari, autres que ses enfants, peuvent attaquer l'acte non autorisé : je me suis déjà suffisamment expliqué à cet égard. Je vais rechercher maintenant si d'autres personnes, les créanciers, les cautions de la femme, par exemple, ou les créanciers du mari, ne peuvent pas demander la nullité.

Quant aux créanciers de la femme, dans une opinion on les exclut absolument, par ce motif que l'action de l'art. 225 est exclusivement attachée à la personne, et que dès lors l'art. 1166 devient inapplicable. On répond avec raison que le droit d'attaquer l'acte n'est pas exclusivement attaché à la personne de la femme, puisque les héritiers de celle-ci en peuvent user. Le seul but de l'art. 225 est de rendre relative une nullité jadis absolue, de refuser l'action à ceux qui ont contracté avec la femme.

S'il s'agissait des créanciers du mari, je serais porté à donner une solution opposée. Les créanciers, en effet, ne peuvent demander le bénéfice des droits accordés au mari par suite de sa puissance; ils pourraient seulement faire valoir les droits de l'époux sur les biens de son épouse; mais le mari n'en a aucun. Dès lors, la prétention des créanciers du mari doit être repoussée. (Je rappelle encore une fois qu'il s'agit ici uniquement du régime de séparation de biens.)

La nullité ne peut non plus être proposée par un tiers caution de la femme, si le cautionnement a été donné pour garantir une obligation non autorisée. L'art. 225 décide que les tiers co-contractants avec la femme ne pourront invoquer la nullité. Or, le cautionnement est un contrat. De plus, la garantie a été demandée par le créancier, peut-être, problablement même, en vue de l'incapacité de la femme. Enfin, la caution est en quelque sorte partie dans le contrat principal. Vis-à-vis des co-contractants, on peut même dire, jusqu'à un certain point, que l'exception née du défaut d'autorisation est personnelle à la femme. Il en serait autrement si la caution demandait la nullité d'une obligation non autorisée, autre que celle dans laquelle elle est intervenue. Je ne vois pas pourquoi on traiterait en ce cas la caution autrement que les créanciers ordinaires. Il y a même danger pour elle, et on doit la protéger plus énergiquement encore, car généralement elle s'est obligée par bienveillance.

Le tiers qui a contracté avec la femme non autorisée ne peut, ai-je dit, invoquer la nullité et faire résilier le contrat. Cela ne veut pas dire que, si ce contrat tombe, la femme puisse s'enrichir aux dépens du tiers. Si elle a vendu, par exemple, elle sera tenue de rendre le prix dont elle a profité. (Art. 512.)

Mais supposons qu'un contrat a eu lieu, que ce contrat n'est pas encore exécuté. Le tiers débiteur pourra refuser d'obtempérer aux poursuites de la femme, si celle-ci ne fait ratifier, ou ne donne caution. L'art. 1653 dit en effet : « Si l'acheteur est troublé, ou a juste sujet de craindre d'être troublé par une action soit hypothécaire, soit en revendication ; il peut suspendre le paiement du prix jusqu'à ce que le vendeur ait fait cesser le trouble, si mieux n'aime celui-ci donner caution... » Et cette solution est trop équitable pour ne pas être généralisée. L'effet de l'art. 225 est d'imposer à celui qui a contracté avec la femme, jusqu'à la dissolution du mariage, la crainte de perdre les bénéfices, de supporter les clauses désavantageuses découlant naturellement du contrat ; mais ce tiers ne peut être tenu de remplir ses engagements si l'autre partie se refuse à accomplir les siens, ou ne lui donne pas des garanties suffisantes.

Aux termes de l'art. 225, la nullité, découlant du défaut d'autorisation est relative. Cependant, une controverse s'est élevée au sujet des donations entre vifs faites à la femme.

Tout contrat nul pour vice de formes, dit-on d'une part, est nul d'une nullité absolue. Le consentement de la femme *autorisée* doit être exprimé dans l'acte de donation. Ce consentement ne peut, dans l'espèce, être tel que la loi le demande. Le contrat est donc nul.

On répond, d'un autre côté, que le défaut d'autorisation entraîne uniquement un vice de consentement, soumis, en matière de donations, aux mêmes règles que dans tout autre contrat. Il n'y a pas ici de vice de forme proprement dit. Songe-t-on d'ailleurs qu'admettre le système opposé, c'est contredire le grand principe de l'irrévocabilité des donations. Ne se souvient-on pas que le but de l'art. 225 est d'enlever aux tiers tout moyen de se prévaloir de l'incapacité de la femme? Cette dernière solution me semble devoir être adoptée.

Enfin, la nullité résultant du défaut d'autorisation, ne peut pas être opposée par les tiers ayant cause de ceux qui ont contracté avec la femme.

Conformément à l'art. 1304, le délai pour demander la nullité des contrats non autorisés de la femme est de dix ans.

Aux termes de l'art. 1338, l'action de l'art. 225 peut également s'éteindre par la confirmation, la ratification régulière ou l'exécution volontaire. Cet article ajoute que les droits des tiers sont réservés. Faudra-t-il dire que en conséquence que, si les héritiers de la femme décédée ont ratifié l'acte, le mari pourra encore l'attaquer. Je ne le crois pas, car il n'est pas pécuniairement intéressé, et les droits que lui confère la puissance maritale ne me semblent pas devoir survivre au mariage.

Remarquons enfin que la décision judiciaire contre la femme non autorisée pourra être attaquée par les voies ordinaires, dans les délais ordinaires. Le moyen résultant du défaut d'autorisation pourra d'ailleurs être proposé en tout état de cause, même devant la Cour de Cassation, puisqu'il est d'ordre public. Le mari peut toujours recourir à la tierce opposition, car la décision rendue lui est préjudiciable.

Ainsi nous avons étudié l'autorité générale donnée au mari sur tous les actes de sa femme. Nous avons considéré spécialement les pouvoirs particuliers de l'époux relativement à certains actes de son épouse. En dehors de la séparation de biens contractuelle ou judiciaire, le mari jouit, il est vrai, sur le patrimoine de sa femme, de prérogatives autres que celles dont nous avons parlé ; mais celles-ci sont uniquement le fruit de conventions libres, ne dérivent en aucune façon de la puissance maritale. J'ai pu, j'ai dû par suite, me borner à l'étude des incapacités de l'épouse, sous le régime de séparation des biens.

Poursuivant cette tâche, je me suis demandé d'abord dans quelles circonstances la femme est incapable, c'est-à-dire, quand se manifestera la nécessité de l'autorisation. J'ai étudié ensuite cette autorisation elle-même, recherchant par qui, dans quelle forme elle devait être accordée. J'ai eu à constater enfin quels étaient les effets de l'autorisation et du défaut d'autorisation.

En un mot, j'ai essayé de fixer l'étendue exacte de l'incapacité de la femme mariée, de préciser par qui cette incapacité pouvait être invoquée.

L'étude de la puissance maritale en Droit français est maintenant terminée. Je pourrais, peut-être, dire un mot de l'inégalité de condition du mari et de la femme en matière de séparation de corps, et aussi dans l'hypothèse d'un meurtre commis par l'un des conjoints sur l'autre, surpris en adultère. Je préfère écarter ces questions trop délicates et trop brûlantes, qui ne sont pas, d'ailleurs, strictement comprises dans mon sujet.

On a pu constater dans notre Code la présence d'éléments romains, d'éléments germaniques juxtaposés. Mais les uns et les autres ont pris une nouvelle face. La femme est, en général, incapable d'aliéner seule ses biens; mais elle peut les administrer. Elle doit obéissance à son mari, mais une obéissance raisonnable. Ce mari est un surveillant, non un maître. Ses mauvais traitements donneraient lieu à une séparation. Nous sommes loin du droit de vie et de mort, du droit même de battre la femme sans mort et sans *méhaing*, dont parle Beaumanoir. La raison a choisi entre les diverses solutions anciennes, a pris quelque chose de chacune et les a modifiées toutes. Parfois, on pourrait trouver dans notre législation des décisions particulières empreintes d'une rudesse trop grande; mais dans les principes généraux, je vois peu de choses à critiquer, du moins, dans l'état actuel de nos mœurs. La liberté naturelle de l'épouse a subi de graves atteintes, mais le plus souvent, nous les avons vues justifiées par la menace de dangers considérables attachés à une indépendance trop grande de la femme mariée. Quand l'éducation de celle-ci sera transformée (si jamais cela arrive), peut-être le Code aura-t-il besoin de modifications profondes, essentielles. Alors le respect pour le sexe faible augmenterait. Alors on pourrait lui abandonner des pouvoirs plus larges. Pour aujourd'hui, la femme n'aspire le plus souvent à régner que par ses charmes. Elle y réussit peut-être trop ; mais si on la traite parfois en capricieuse, presque incapable, elle n'a pas à se plaindre, car elle désire avant tout le droit d'avoir des caprices.

POSITIONS

DROIT ROMAIN.

1° La femme *in manu* n'est pas un objet de propriété.

2° L'abandon noxal de la femme ne peut avoir lieu.

3° La loi Julia *de adulteriis* ne contenait pour le mari aucune prohibition spéciale d'hypothéquer le fonds dotal ; surtout elle ne distinguait nullement entre l'aliénation et l'hypothèque, pour défendre cette dernière, même au cas du consentement de la femme.

4° Sous Justinien, le mari n'a plus en réalité sur la dot qu'une espèce particulière d'usufruit.

DROIT FRANÇAIS.

1° Aucune différence ne doit être établie entre la séparation de biens contractuelle et la séparation judiciaire, au point de vue de la capacité de la femme.

2° La *manus militaris* ne peut être employée contre la femme pour lui faire réintégrer le domicile conjugal.

3° La femme ne peut s'obliger sans autorisation, en dehors des nécessités de l'administration, cette règle étant largement entendue à l'égard des tiers.

4° Les obligations contractées dans l'hypothèse précédente ne seront exécutoires que sur les revenus de la femme, et nullement sur son mobilier.

5° Le donateur n'a pas qualité pour se prévaloir de la nullité de la donation entre-vifs, acceptée par la femme sans autorisation.

PROCÉDURE CIVILE.

1° Les plaidoiries des avocats et les conclusions du ministère public sur la demande d'autorisation faite par la femme à la justice, doivent être prononcées en audience publique.

DROIT COMMERCIAL.

1° La justice ne peut, en aucun cas, autoriser la femme à faire le commerce.

2° La femme commerçante ne pourrait, sans autorisation, acheter un immeuble pour y établir une manufacture, une fabrique.

DROIT CRIMINEL.

1° Bien que la dégradation civique soit une peine infamante, elle n'entraîne pas, cependant, déchéance du droit d'autorisation maritale.

2° En matière d'attentat contre la sûreté intérieure de l'État, la tentative ne peut pas résulter d'un acte quelconque commis ou commencé, elle ne se constitue que par les caractères déterminés en l'art. 2 du Code pénal, pour les crimes en général.

DROIT PUBLIC ET ADMINISTRATIF.

1° Le recours de l'art. 47 de la loi du 10 août 1871 sur les conseils généraux, contre les décisions d'un conseil général, n'est applicable que dans les cas prévus par l'art. 46.

2° Le conseil général ne peut donner à la commission départementale une délégation générale et permanente d'une classe d'affaires.

3° Le droit de l'auteur sur son livre est un véritable droit de propriété.

4° Les évêques n'ont pas un droit de propriété littéraire sur les livres d'Église imprimés dans leur diocèse.

Vu par le Président de la thèse,
COLMET DE SANTERRE.

Vu par le doyen de la Faculté,
COLMET D'AAGE.

VU ET PERMIS D'IMPRIMER :
Le vice-recteur de l'Académie de Paris,
A. MOURIER.

Toulouse, imprimerie Édouard Privat, rue Tripière, 9. — 100.

Contraste insuffisant

NF Z 43-120-14

www.ingramcontent.com/pod-product-compliance
Lightning Source LLC
Chambersburg PA
CBHW060528210326
41519CB00014B/3166